释·山海

袁艺文——绘
赵元——著

台海出版社

目录

目录

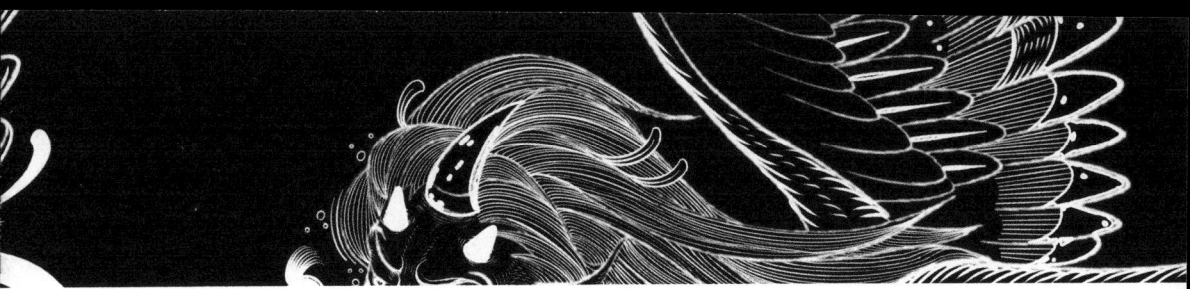

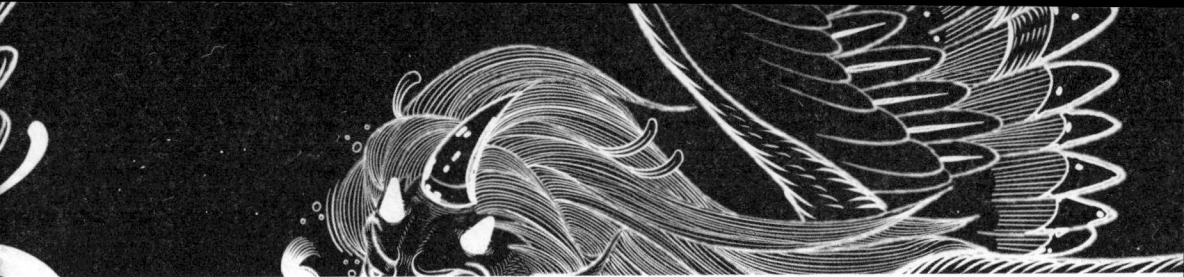

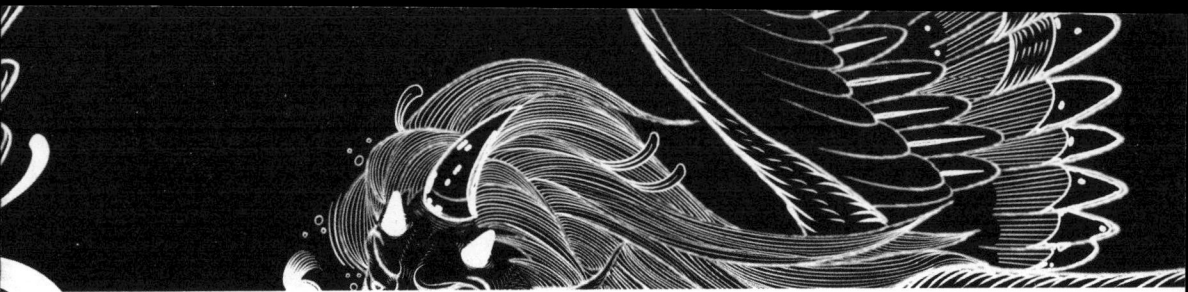

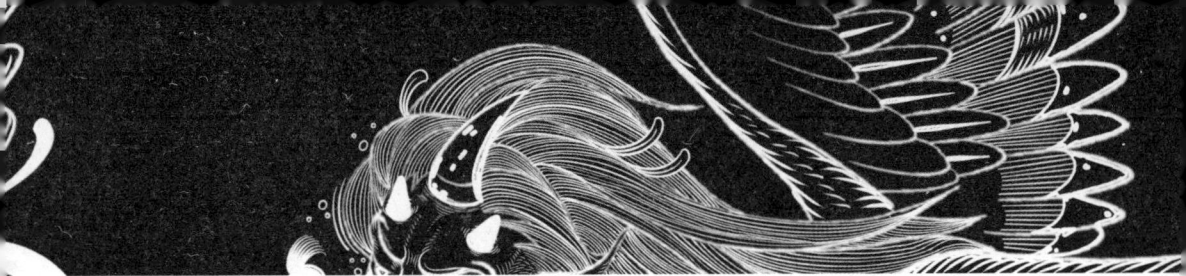

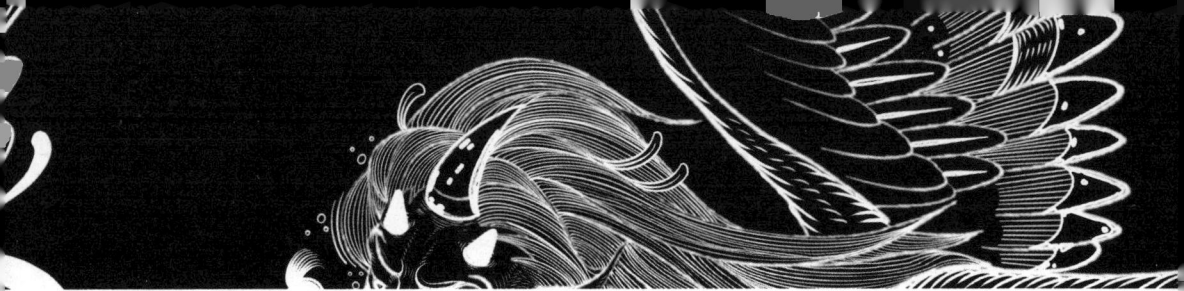

卷一 · 南山经

鹿蜀

鹿蜀，乍看像一匹马，身上的颜色却很丰富：白脑袋、虎纹、红尾巴，很是漂亮。它还是会唱歌的怪兽，叫声像人的哼唱。

据说，1901年，一群欧洲科学家在非洲刚果的热带雨林里发现了一种从未见过的怪异动物，它的身体像马，头却像鹿，脸颊是白色的，皮毛油光红亮，臀部和腿部有黑白条纹，被命名为霍加狓，跟我国《山海经》记载的鹿蜀非常相似。

东晋的郭璞在给《山海经》配看图说明时说："佩其皮毛，子孙如云。"也就是说，把它的皮毛佩戴在身上，可使子孙得以多多繁衍。这样看来，它是一种吉兽。但是，"佩之宜子孙"的意思，可能并不是说这种动物的神奇功能，而更大可能是一种民俗。也就是说，很有可能在南山的某个地区，人们以佩戴鹿蜀身上的某个部分来祈求多子多孙。有一种说法，《山经》中包含诸多各地社坛祭祀或巫术仪式的祈祷词，那么，鹿蜀也可能是祈祷时采用的一个灵物。

旋龟

同样在杻阳山，除了鹿蜀，还有旋龟也是闻名的。

旋龟是带有中国本土道教神话色彩的四灵之一，四灵为麟、凤、龟、龙。也有人指出在代表东西南北四方的青龙、白虎、朱雀、玄武中，玄武即旋龟。

关于旋龟有一些古老的传说。相传鲧被舜帝委派治理洪水，可是鲧苦于找不到对付滔滔洪水的良策，直到看到旋龟，便突发灵感！旋龟首尾相连，样子好似连绵的大堤，于是鲧受其启发，筑起堤坝防洪。又相传，大禹治水的时候，应龙在前面用尾巴划出痕迹，指引大禹开凿水道，将洪水引入大海；而大禹随后把息壤（古代传说一种能自生长、永不减耗的土壤）投向地面，息壤落地后自行繁殖增多，阻断漫延的水流，而息壤就是由旋龟跟随在大禹身后驮负的。

还有人指出，旋龟即玄武（又叫玄冥），玄武是龟蛇神兽，在传统文化的地理方位上代表北方，而杻阳山的旋龟却出现在《南山经》当中。有资料表明，旋龟的分布范围很广，有海外赤道以南、西北的洛水支流。旋龟属于水龟。据说我国东北的吉林曾发现旋龟，说明在松花江及其上游尚有旋龟存在。每当民间发现一些怪龟，头部似猫头鹰，头圆而嘴如喙钩，可以咬断硬物，就会联想到《山海经》当中的旋龟。

至于旋龟有"佩之不聋，可以为底"的功用，应该反映的是某地民间所沿袭的一种习俗，有神秘信仰的因素，也可能指旋龟的药用价值。

鲑

鲑鱼，集鱼、牛、蛇、鸟的外形于一身，而且有药用价值，颇为神奇。

鲑鱼可以栖居在山坡上，应为两栖动物。古代文人在研究《山海经》时就指出，既然水獭可以水陆两栖，鲑鱼的"陵居"也就不足为怪，反映出古代的动物学知识认知的历程。

与鲑鱼声音近似的留牛，就是犁牛。而鲑鱼能防治的肿疾，应指皮下组织化脓的炎症。

猼訑

有研究者统计，《山海经》中的大多数动物与十二生肖有关（占全部动物的百分之七十以上），或整体或局部有十二生肖动物的样貌特征。而《山海经》当中与十二生肖中的"羊"有关的动物也为数不少。猼訑的总体外形就很像羊。

羊一般给人温驯的印象，但猼訑这种后背长着眼睛的"羊"，人佩戴它的皮毛可以变得心无所惧，勇敢无畏。这一点，应该与这一地区风土习俗中的原始信仰有关，反映某种土著宗教里的尚武精神。它长着九条尾巴、四只耳朵也是生命力旺盛、性格机警的象征。

鸱鸺

　　本来，鸟的样子像鸡并不奇怪，禽与鸟本是同类。鸟的身体轻盈，精力充沛不贪睡，况且长了三个脑袋、六只眼睛，即使这个脑袋的双目闭上睡觉，另外两个脑袋的四目还可以圆睁，难怪这种鸟的肉被人吃了之后，可以使人不犯困、不想睡觉。

　　《山海经》当中对于奇怪鸟兽的描述，往往是根据身边动物的样子来描述这个未知动物的。古代这种三头三翅鸟到底是何来历，有读者提出，大概当时也出现了核辐射或基因变异的动物，故而有这种怪鸟，这是根据现代的经验来解读古书里的世界了。

九尾狐

　　九尾狐在通俗故事中被演绎成东亚地区的一个奇兽，全身火红或银白的绒毛，用婴儿的啼哭声诱引人走近，将人吃掉，成为一个美丽妖娆又危险神秘的形象。

　　明代的理学家曾感叹，九尾狐"能食人"，而人吃了九尾狐则"食者不蛊"，是人与兽相食的大乱之道，恐怕是想得太深了。

　　在《白虎通义》典籍中，九尾狐蓬勃的长尾象征着子孙繁盛，可谓多子多孙的祥瑞。相传，大禹把白狐九尾视作王者象征，因为涂山有歌谣"绥绥白狐，九尾庞庞，我家嘉夷，来宾为王"，于是大禹迎娶涂山女，生下启，成为夏朝开国皇帝。

　　而民间传说中的狐女，多为妖艳多情的动人形象，也有神话中在虚无缥缈的昆仑山，虔诚修炼成仙的九尾狐。

赤鱬

　　赤鱬与上述的九尾狐同样出自青丘山。在青丘山的英水当中，这种鱼长着如同人的面孔，发出如鸳鸯鸟的鸣叫声，它的肉有一定的药用价值，可以排毒，防止皮肉上长出疥疮，堪称鱼界奇物。根据古人的记述，它的别名还有儒艮、缔鱼，属于人鱼类。

　　据说，赤鱬这种鱼跟今天的方头鱼类似，头高，呈长方形，分布在我国沿海地带。赤鱬是不是红色的呢？我们只知道，方头鱼带有一些红色的色彩。又有消息说，有人在日本海区域获取了可以等同于古代赤鱬的海鱼标本，即深海鲑鱼。

狸力

狸力的外形像小猪，却长着和雄鸡或野雉一样的腿后脚趾，叫声像狗。关于"见则其县多土功"，多推测为这种兽凡是它所到之处，均刨土成丘，使得地面有起伏，使人联想到兴修土木工程的场景，这些土丘便是"土功"所指吧。当然，这句话的含义也有可能是在上述狸力活动规律的暗示性影响下，形成的民间习俗中的占卜宜忌条令。

鸱

有一种说法，鸱本是猫头鹰的古称。据说今海南省儋州人，仍把猫头鹰称作"鹃鸱"，认为"鹃鸱"是不吉祥的鸟，半夜啼叫则凶多吉少。

古人盛传《山海经》所载的这种人面鸟身、鸟爪为人手的怪鸟，它的原名是"丹鸟鸱"，源自尧帝的儿子丹朱。丹朱为人恶劣，加上当时并不采用世袭制，所以他未能继承帝位，怨恨的丹朱就化为此怪鸟，企图通过迫害士人达到扰乱政纲的目的。

清代注重考据训诂的学者针对前人的演绎，特意指出，说鸱长着"人手"，意思是鸟足像人的手，而不是长着人手，从而去除了鸱鸟身上神秘色彩的遮蔽。诚然，《山海经》的时代既无摄影录像的记录工具，也无望远镜等观察工具和近距离观察的条件，所以便采用人们熟知的人或动物的身体部位来描述罕见的怪兽怪鸟。

至于这种鸟的出现，跟一个县郡出现很多有才智之士被流放的现象之间，究竟具有怎样的关联，这一点着实令人费解。除了丹朱变成鸱鸟的神话传说，还可以推测，鹞鹰（鸱）是食肉的猛禽，或许象征着迫害志士文人的权贵的暴力形象，也就是可以说，养着鹞鹰的权贵一出现，就会有一些志士文人要遭殃。

东晋大诗人陶渊明在《读〈山海经〉十三首》的第十二首诗当中吟咏了鸱鸟，讽刺楚怀王时代多次出现给志士带来厄运的鸱，而能够驱邪解惑的青丘山的灌灌鸟却没人看见，从而将《山海经》所蕴含的原始的社会洞见发展为深刻的社会批判。

鸱鸱见城邑，其国有放士。
念彼怀王世，当时数来止。
青丘有奇鸟，自言独见尔；
本为迷者生，不以喻君子。

还有一种说法是说鵸鸟的样子像猫头鹰，是放士的灵魂化身，所到之处就会有人再遭流放。这当然是迷信的说法。不过，换一个角度，鵸鸟也可能跟西方文化语境下的猫头鹰一样，具有反思和批判的精神色彩。猫头鹰在西方文化语境中是智慧和智者的化身，在中国的传统习俗语境下却为不祥之物的代表。大概是历史的进步必然伴随着社会斗争，必然在紧张激烈的形势下进行，这在一般老百姓的眼里就看似最不吉祥的了。

无论如何，鵸这种在古代传说中涉及社会变革的鸟，反映出《山海经》不仅关涉自然面貌，还关乎古代社会的机理，具有浓郁的人文地理色彩。

长右

　　禺是中国古代传说中的一种猿猴，长右类似于禺，却有着四只耳朵。长右的名字应该取自长右山。

　　那么，为什么长右的出现会伴随着洪水的发生？传说长右以水为食，四只耳朵能谛听千里之远，上达天庭，下入冥府。相传长右山就是远古女娲补天时漏下的一块石头，山顶上面的天空还留下一个洞，所以常常有天庭水泄露下来。所以长右山即使没有草木涵养水分，仍水流不断。

　　其实，动植物的出现与一个地方的气候等自然现象之间的关联，为物候学范畴。可以推测长右这种猿猴所生活的地方，必然水资源充沛，甚至可能还会出现大水。

猾裹

　　《山海经》之后，古人不乏关于猾裹的记载。东晋郭璞的《〈山海经〉图赞》："猾裹之兽，见则兴役，应政而出，匪乱不适，天下有逆，幽形匿迹。"明代胡文焕的《〈山海经〉图》中说："尧光山有兽，状如猕猴，人面，彘鬣。"

　　有传说猾裹为貉的一种。貉为食肉动物，似狐狸，体小而粗肥，性迟钝。

　　可是，猴子或狐狸一样的猾裹，为什么会被《山海经》记载为"其状如人"呢？我们只能说上古的人类，尤其是山村野夫，外貌看起来很像动物吧。

　　至于为什么猾裹的出现会伴随着徭役，有研究者推测说猾裹本来居住在山洞里，冬天更是蛰居，所以当地区组织大规模徭役时，就会有很多人群聚集出现在野外，则惊扰到这种穴居客；或者，民工实行徭役时经常砍伐木头，而砍伐木头的声音与猾裹的叫声颇为相似，就会招来这种动物。此解通否，实未可知。

蛊雕

  雕本是大型猛禽，视力敏锐，动作迅猛，捕猎能力高强。此外，蛊雕的头上还长角，声音像婴儿一样却能吃人。可见，蛊雕是一种杀机汹涌的威猛动物。

  然而，此处"水有兽焉，名曰蛊雕"，而未言"有鸟焉"。郭璞《〈山海经〉图赞》曰："纂雕有角，声若儿号。"《骈雅》记："蛊雕如雕而戴角。"《事物绀珠》记："蛊雕如豹，鸟喙一角，音如婴儿。"从这些古籍文献记载当中，可以看到蛊雕看起来或如雕或如豹，但应该肯定的是，它是兽，不是鸟。

  有人推测，蛊雕既然非常凶猛，可以食人，很有可能就是菲律宾的食猿雕（体格硕大能捕捉猿猴）或美洲的角雕（狩猎的对象主要是树上的哺乳动物）。猿猴与人外形相近，也许就是蛊雕"食人"的来历。

  有人据考古资料指出，考古学家在陕西神木纳林高兔村战国晚期匈奴墓发掘出来的纯金的鹰嘴、鹿角、兽身的怪兽，在造型上与《山海经》记载的蛊雕如出一辙。然而，解释不通的是，这件文物的造型带有北方草原文化的特点，而蛊雕出现在《南山经》中，被解读为南方的飞禽。这大概是随着南方险恶环境的人居变化导致蛊雕的能力退化，而草原比茂密的森林更有利于狩猎，进而逐渐向北迁移。然而，出土的战国文物与《山海经》的产生属同一时代，即使从战国跨度到现在，动物的变化面貌也不会如此之大，所以这种由南向北迁移的解释是立不住的。

  其实，关于《山海经》行文的东南西北之所指，另有一种时间维度上的解释，与空间无关。《南山经》的南喻示夏季，而非指南方地区。蛊雕所在的鹿吴山上没有草木，多金属矿石，应该是一座荒山。所以，人们从北方草原背景的鹰嘴雕金塑像的身上看到了《南山经》记录的蛊雕的身影。

瞿如

　　渠如，渠如，这是瞿如的叫声。

　　根据恐龙时代霸王龙三足中的前肢退化成很小的一部分，有人推测，上古时期的确存在过三只脚的水鸟。因为双翼越来越发达，足以辅助两只脚保持平衡，第三只脚不用则退，久而消失。或许，在从恐龙向鸟进化的漫长历史进程中，四足走兽曾经演化为三足水鸟，进而演化为两足鸟类，瞿如正好保留了这种进化过程的痕迹。

　　文中所提的祷过之山，因山下有犀牛、兕、大象这些热带动物，人们推断它位于今天的广东或广西。

虎蛟

　　同样在祷过山水系当中的，除了小巧的瞿如，还有威武的虎蛟。

　　虎蛟是龙，不是虎。郭璞在《〈山海经〉图赞》中注："蛟似蛇，四足，龙属。"《述异记》则演绎为：山间的老虎老了，入水为鲛鱼。《海语》中提到"鱼虎"，头部像老虎，生于南海，到了旱地能变成老虎。民间传说中龙无角曰蛟，有鳞曰蛟龙。

　　我们前面讲过赤鱬鱼叫声似鸳鸯，虎蛟的叫声也像鸳鸯。虎蛟与赤鱬都有药用价值，一个可治疗化脓的皮炎和痔疮，一个可治疗疥疮。

凤皇

凤皇，亦作凤凰。《南山经》中，记述凤凰鸟的有两处，另一处记载为：

　　又东五百八十里，曰南禺之山。其上多金玉，其下多水。有穴焉，水春辄入，夏乃出，冬则闭。佐水出焉，而东南流注于海，有凤皇、鹓（音渊）雏。

【译】

　　再往东五百八十里，有座南禺山。山上有很多金属矿石和玉石，山下有很多水域。有一个洞穴，水在春天的时候流入，夏天流出，冬天则不流动。佐水从这座山发源，向东南流淌注入大海，这里有凤皇、鹓雏。

两处文字相去不远，一处为丹穴山，一处为南禺山。

凤凰在后世的传说中，是一种拥有至高美德的祥瑞之鸟，代表纳福迎祥；凤凰也为百鸟之王，地位是至尊无上的。丹穴山的凤凰，身上满是代表美德的文字图形，饮食从容不迫，自歌自舞，见则天下安宁，即符合这种吉祥圆满的形象。《山海经》中的凤凰，外形像鸡，身上带有五彩之文，样貌实为高雅尊贵，绚丽美好。而它的种种品性，后世有人认为，非常符合孔雀的习性。

传说中凤凰的理想形象与现实中孔雀的美丽相结合，使凤凰成为中华民族精神理想的象征。这个艺术形象在当今的文艺作品和社会公共活动中仍不断传达着最美好的祝福。

南禺山中的鹓雏，在古代神话传说中，乃为凤凰、鸾鸟的同类。同样有凤凰栖居的南禺山春入夏出的水文循环，也透露出一种绵柔延展、生生不息的生机。

陶渊明在《读〈山海经〉十三首》的第七首中，在描述了三珠树、桂树之

后，歌咏了凤凰与鸾鸟的仙姿美音，称赞它们是被西王母所爱的仙境之物。

粲粲三珠树，寄生赤水阴。

亭亭凌风桂，八斡共成林。

灵凤抚云舞，神鸾调玉音。

虽非世上宝，爱得王母心。

鱄鱼

鱄鱼是生活在水里的，何以"见则天下大旱"呢？

那首先应该弄清楚，鱄鱼是什么鱼。

有一种斑鱼，在北方又被叫作团鱼、墨鱼，团鱼与鱄鱼同音。斑鱼是鳢属鱼类。鲋鱼虽然多数时候指鲫鱼，但有时候也指塘鳢，而在一些地方塘鳢又被叫作土附鱼，所以鱄鱼的"其状如鲋"可能指外形像塘鳢。此外，斑鱼在收起背鳍的时候倒很像长着猪毛。斑鱼在河水减少的时候会爬上岸曲折蛇行，寻找新的水源，这或许就是"见则天下大旱"之说的由来。

颙鸟

  颙鸟，"余余余……"叫着，外貌看起来像猫头鹰，被视作带来旱灾的不祥之鸟。郭璞在《〈山海经〉图赞》中说："颙鸟栖林，鳟鱼处渊，则为旱征。"

  见颙鸟"则天下大旱"，应该是一种物候学的表现。颙鸟原本生活的中谷，春天多东北风，气候干燥，说明这种鸟一般栖息在干旱地区，所以古人依据对大自然的观察便将其视作旱灾的象征。据载，明代万历二十年，颙鸟曾成群地出现在豫章的宁寺一带，燕雀都被惊动得聒噪不安，结果这一年春夏，豫章郡异常酷热，滴雨未降，出现严重旱灾。

卷二 · 西山经

肥𧊕

《西山经》中曰肥𧊕者有二：一是太华山的肥𧊕蛇，与旱灾有关；另一乃英山的肥𧊕鸟，是益鸟。记载为：

又西七十里，曰英山，其上多杻橿，其阴多铁，其阳多赤金……有鸟焉，其状如鹑，黄身而赤喙，其名曰肥𧊕。食之已疠（音历），可以杀虫。

【译】

再往西七十里，为英山，山上盛产可以用来造车的木质坚硬的杻橿树，山的北面有很多铁矿，山的南面有很多铜矿……有一种鸟，形状像鹑鸟，黄身而红嘴，名字叫肥𧊕。吃了它的肉可以治愈恶疮、麻风，还可以杀死身体里的虫子。

关于太华山的肥𧊕蛇，有研究者认为，如果蛇身、六足、四翼，是肥𧊕的基本特征，这与通常见到的六足的蛇还是有所不同的。太华山高耸深广，鸟兽莫居，所以肥𧊕有可能既不是鸟也不是兽，而且这里既然没有什么肉食的来源，这种动物应该是食草性的。从它的名字看，"蜰（音肥）𧊕"是其本名，而"蜰"即臭虫，身体扁平，赤褐色，腹大，体内有臭腺，吸人畜的血液；而"𧊕"这个字就是专门指这种动物的。蜰𧊕很可能是一种类似臭虫的昆虫。研究者指出，民间传说"见则天下大旱"的肥𧊕，很可能指的是大型竹节虫。

竹节虫因身体修长而得名，有的有翅，有的无翅，体长，为大中型昆虫，我们今天所见到的竹节虫一般体长在6厘米至24厘米，最大的达60多厘米。竹节虫生活在森林或竹林里，主要分布在湖北、云南、贵州等省，而上古时代，西北、华山的气候地貌与这些地区非常接近。所以，身体长

大的竹节虫看起来真的可能像蛇！竹节虫是害虫，平时不易被发现，但是当气温升高，干旱少雨时就会爆发成灾。我国近代时有竹节虫灾害的记录。古时竹节虫灾害爆发时，大量啃食枝叶，导致树木植被毁，必然进一步加剧干旱的程度，这也印证了古书中"见则天下大旱"的说法。对此，《再说〈山海经〉之怪"蛇"肥螬》一文的作者感叹："太过遥远的年代隔阂和历代世人的增改神化硬是将《山海经》从一本写实的地理著作变成了志怪古籍。其实《山海经》里还是有很多有价值的谜团等待着人们来破解、探寻的。"

至于英山的肥蟥鸟，有人认为，实与我们今天的黄鹂鸟相似。按照《山海经》之《西山经》的描述，可知这种鸟长的像鹌鹑，黄色的身子，红色的嘴。查看鹌鹑和黄鹂的图片，不难看出黄鹂长得也很像鹌鹑，而且是黄羽、红嘴。此外，还有人认为，在中国很多地方"H"和"F"两个字母的发音不分，这时候"黄鹂"和"肥蟥"两个名字的发音就很相近了。

　　然而，黄鹂鸟并不具备治疗恶疮、麻风病和杀寄生虫的药用价值。可见，《山海经》还留下了很多待继续探索解开的谜团。

　　在本书中《北山经》部分里也记载着肥遗蛇，与此处《西山经》所记的肥蟥外形不同，一个头却长着两副身体。如若有人看见它，则预示着将有大旱。

谿边

铺垫谿边的皮可以防止毒气的侵害，不知这是否乃民间以泼洒狗血的方式来辟邪消灾的由来。在《事物绀珠》中也有记载，谿边可以抵御蛊术，还可防止蛇蛊和金蚕蛊（据记载这两种为最恶毒的蛊术）。

貜如

貜如的"貜"字，指古书上所说的一种大猴子，多指母猿。然而《山海经》里面的貜如，外形则像鹿。

那貜如是鹿的一种吗？当代人指出，貜如其实就是澳大利亚盛产的袋鼠。袋鼠的外形有百分之六十的程度跟鹿相似。

袋鼠有粗壮的尾巴，可以支撑身体的重量而直立起来，一般为黄色或白色。

最重要的是，袋鼠直立行走时，两只前爪则看起来颇似人的手！

然而，貜如是有四只角的，袋鼠却只有两只耳朵。有人大胆推测说，如果加上袋子里的小袋鼠竖起的两只耳朵，看起来不就颇像四只角了。但这种说法无法判断。

当然，皋涂山还有不少鲜明的特色，如出产金银、细丹砂，有很多桂树、奇石和可以毒死老鼠的奇草，这些特殊的环境因素都可以帮助我们进一步了解所记载的貜如究竟是什么样的动物。

犂

　牛的形象在《山海经》当中多次出现，除了犂，还有《东山经》中的蜚，《大荒东经》中的夔，它们都体格硕大，大黑牛犂有大目，蜚有一目，夔有一足，《山海经》中牛的形象都具有威猛感。

蛮蛮

有人把蛮蛮解释为比翼鸟，如郭璞在《〈山海经〉图赞》中注："比翼鸟也，色青赤，不比不能飞，《尔雅》作鹣鹣鸟也。"也有人认为它是大雁。

"蛮蛮一语"还成为描写悦耳鸟鸣声的象声词，如唐代韦应物的乐府歌行体长诗《听莺曲》有句"忽似上林翻下苑，绵绵蛮蛮如有情"，还有唐代张籍的《登楼寄胡家兄弟》中的"独上西楼尽日闲，林烟演漾鸟蛮蛮"。不过此乃《诗经》中"绵蛮黄鸟"一语的发展。

蛮蛮还是一种水兽的名字，同样在《西山经》中也有记载：

> 又西二百里，至刚山之尾。洛水出焉，而北流注于河。其中多蛮蛮，其状鼠身而鳖首，其音如吠犬。

【译】

再往西二百里，便到了刚山的末尾。洛水从这里发源，向北流注入黄河。水中有很多的蛮蛮兽，体形像老鼠却长着甲鱼的脑袋，发出的声音如同狗叫。

大鹗

　　鹗，是一种食鱼的猛禽，也就是鱼鹰，但有文章指出《山海经》中钦䲹被处死后变成的大鹗与此不同。鱼鹰虽然外形也很像雕，但是头部灰白相间，嘴乌黑透亮，与《山海经》中的大鹗明显不同，那钦䲹所化作的黑文白首、赤喙虎爪的大鹗的真身究竟是什么呢？

　　研究者认为，这个大鹗的真身其实是红鸢。这种体型精干的猛禽几乎就是缩小版的雕，它每一根羽毛中间都有一条黑色的线，头部的羽毛颜色较浅，也有白色的竖纹，正符合"黑文白首"的描述，红鸢的嘴根部是淡黄色的，但是末端是深红色的，也符合"赤喙"的描述。但是"虎爪"又如何解释呢？研究者推论：大家都知道老虎是猫科动物，猫科动物的爪子和人的指甲不同，它们的爪子其实是指尖骨的演化，尖锐锋利，指甲包含在骨鞘中呈弯钩状，百兽之王老虎的爪子更大，最长可达8厘米，一个鹰科动物身上长着猫科动物的爪子，显然是不合常理的。所以这里的虎爪并不是指大鹗长了老虎的爪子，而是红鸢在飞行时，它的翅膀内侧的白色花纹图案和虎爪的形状极其相似。古人在观察动物时，既无望远镜也无照相机，只能凭视觉的印象捕捉其外形特点。

　　那么，大鹗的出现，果真会"见则有大兵"吗？研究者认为，红鸢在迁移或捕食的时候，往往上百只齐聚天空盘旋，并交替俯冲捕捉目标，这个场景倒很像人类发动战争的战场。

文鳐鱼

　　《山海经》中的文鳐鱼，鱼鸟共体，可以治疗癫狂病。说它一出现天下就会大丰收，可能反映的是某地祭社的占卜谶纬，关涉习俗信仰或者物候学。

　　现实中的文鳐鱼属于飞鱼类，包括多种燕鳐鱼，它们分布于我国黄海、东海及南海。《吕氏春秋》中称其为"鳐"，《本草拾遗》中称其为"飞鱼"，浙江沿海叫它"燕子鱼"，福建一带称它为"乌"。据说这种鱼有多种治疗功效，主治难产、胃痛、腹痛、痔疮等多种疾病。

英招

英招，是长着两只翅膀的人马形象，他为天帝看管在人间的园圃，此外还喜欢巡游四海，一路发出欢快的轱辘声。看来，英招的差事很可能是个比弼马温还闲的闲职，所以不妨碍他发挥天马行空的个性，过得潇洒。

英招所住的地方在槐江上，槐江山东西南北的景象不同，颇有触目惊心的势头。南面的昆仑山作为天帝的下都一片火光熊熊，里面杀机腾腾，西面则隐藏着后稷的灵魂，北面住着神仙槐鬼离仑，还有鹰鹯群飞，东面住着穷鬼。同时，槐江山里面还住着一位样子像牛、能够引发战争的天神。陶渊明曾在《读〈山海经〉十三首》的第三首当中描述了槐江山一带美丽而又诡异的景致，表达想像周穆王一样前往遨游一番。

> 迢迢槐江岭，是为玄圃丘。
> 西南望昆墟，光气难与俦。
> 亭亭明玕照，洛洛清瑶流。
> 恨不及周穆，托乘一来游。

这首诗的意思是：遥远的槐江山，是玄圃的最高山丘。西南面可以望见昆仑墟。珠光宝气世上难有可以与之匹敌的。珠树亭亭玉立，明辉照人，瑶水清澈潺潺奔流，我恨不得来到周穆王身边，搭乘他的车也去畅游一番。

那么，这种四面充满玄机的绝妙处境，对于英招这位逍遥的天马般的神祇究竟意味着什么呢？或者说，英招在历史局势当中的角色和作用是怎样的呢？

英招作为领受闲职的官员，不可能改变这个充满矛盾和危机的世界，他只是巡游四方。不过，有一点从英招身上倒不难看出，即使四面楚歌、熊熊火光，也要自由自在。

土蝼

　　先说槐江山西南昆仑山里的主管陆吾神。与上文中管理天帝的平圃的英招相比，样子像老虎的陆吾神不仅司管作为天帝之下都的昆仑山，还掌管天上九界和天帝苑囿的时令，显然比英招的地位高，是一位重要的历法专家。而昆仑山里的土蝼，不是昆虫，而是一种能吃人且似羊的兽。

　　在后世羊都是温驯、柔弱的，所谓待宰的羔羊、沉默的羔羊云云，然而早在上古时期长着四只角的土蝼却是能吃人的，凶猛无比。

钦原

　　跟土蝼同住昆仑山的，还有钦原这种毒鸟，外形像蜂，如同鸳鸯一般大小。它不仅可以蜇死鸟兽，还可以毒死树木，其毒性可谓罕见！可见，昆仑山里的动物，无论土蝼还是钦原，无论外表看起来像今天的羊还是鸟，都是毒辣而能够致命的。

　　有人把中国上古传说中的昆仑山比作古希腊神话中的奥林匹克山，里面都住着很多神祇，还有很多珍禽异兽和神奇草木。

西王母

　　茅盾等研究者认为，此处西王母的形象"豹尾虎齿而善啸，蓬发戴胜"，比《穆天子传》《汉武内传》里面西王母的形象都更原始和古老，也说明了《山海经》成书较早，为我国最古老的典籍之一。

　　上古时人类生产力尚且不发达，在古人的心目中，动物比自己强大，所以他们想象中的神灵都是动物的形象。《山海经》当中的西王母"其状如人"却还不是人，表现出的是从动物向人类过渡的形象。

　　关于"司天之厉及五残"一句，由于东晋郭璞将其解释为"主知灾厉、五刑残杀之气也"，后世多把西王母看作凶神。郭璞把五残解释为五刑残杀，是运用了汉以后出现的五行观念，把西方视作刑杀之气。

　　清代的郝懿行纠正了郭璞以来的上述传统看法，指出"厉及五残，皆星名也"。《史记》记述："五残星，出正东东方之野。"这颗星一出现，就预示人间要发生灾难。

　　厉星本未见古籍记载，郝懿行根据《月令》推论它就是大陵星当中的积尸星。大陵星决定着厉鬼的活动，而西王母是通过司管大陵星来掌管厉鬼的。但有人认为郝懿行关于厉星的解释有些牵强，认为直接把"厉"解释为厉鬼就可以了。

　　西王母掌管厉鬼和灾星，颇有些凶戾、不吉祥，但是有研究者指出，西王母掌管厉鬼令其待在大陵星里不出来（据说星气一旦散逸，厉鬼就会出现），并且能够预告灾难，均是正面的。另外，西王母所居的玉山上有预示丰收的怪兽"狡"和预告水灾的怪鸟"胜"，所以《山海经》当中的西王母应该是一位消灾攘祸、造福人间、充满威仪的正面的神。这与后世对西王母这一神话形象的演绎也是一致的。

西王母是《山海经》神祇中颇为重要的一个。陶渊明在《读〈山海经〉十三首》中多次歌咏西王母的动人形象，如在第二首中赞颂了西王母的美丽、长寿，居住在各山离宫别馆的逍遥生活及宴会上非同凡俗的高谈阔论。

　　　　玉台凌霞秀，王母怡妙颜。
　　　　天地共俱生，不知几何年。
　　　　灵化无穷已，馆宇非一山。
　　　　高酣发新谣，宁效俗中言！

狡

　　西王母居住的玉山，有一种长着牛角、体形似狗的兽——狡。西王母司管控制
厉鬼的星辰并能提前预警灾难，所以她身边的狡是个能带来五谷丰登的吉祥动物。

　　所以灾害来了不可怕，关键在于能够及时防患于未然。

白帝少昊

　　有一种说法，白帝少昊是代表西方的神——蓐收的父亲。后来西方神演变为白虎，若追溯回去，蓐收长有虎爪，而白色的形象能在其父白帝少昊的身上找到影迹。

　　而长留山与天文中太阳落山时的反景现象有关。在《西山经》中这座山处于西方，但离最西极的四座山还有一定距离。这是因为，在太阳落山之后天空还有一段时间仍保持明亮，于是古人认为这里住着司管反景的神员神魂氏，是他把已经看不见的太阳的光反射回天空。白帝少昊是这座西方山上的山神，那么为什么这里的兽、鸟和玉石上面都有花纹呢？也许，是在夕阳西下之时，天空尚充满光辉，阳光好像为地面镀上一层花纹，令山野的影调显得更加浓郁、宁静、祥和。

帝江

　　研究者总结，《山海经》当中有五座靠近世界西边极地的山脉。从西往东依次为翼望山、泑山、天山、騩山、长留山，分别居住着红光神、蓐收、帝江、耆童和员神魂氏五位神祇。而帝江居住在西极的第三座山脉天山，那么，他与太阳有着什么样的关系呢？

　　从天山流出的英水，注入山下的汤谷，太阳在水里，热度颇高，故而称汤（也可能是旸谷的讹文），此处汤谷应该是太阳落下的地方。

　　而这位帝江神，正是云海中的太阳，水中的落日。他的形象为"如黄囊，赤如丹火，六足四翼，浑敦无面目"，是火球浑圆的形象。六足四翼，应该是人们对太阳能飞舞的形象的想象，将它比作一只鸟。至于"识歌舞"，有人解释为古人以歌舞祭祀太阳神。在西方古希腊神话中，太阳神阿波罗是一位喜欢音乐的神，而《山海经》中的帝江神也颇通歌舞，所以人们以歌舞娱神。

讙

    讙是一种奇怪的动物，如同一只眼睛、三条尾巴的狸猫。它开口一叫，其他动物便都不出声了，好像声音被它夺走了一般，令人想起"先声夺人"的成语。

    至于讙"可以御凶"，可能与某地的宗教信仰或占卜迷信有关。

    "服之已瘅"是说其药用价值。

神魃

神魃应该为魑魅魍魉一类的小妖鬼。除了《山海经》，另有古籍说神魃为山林异气所生，是木石之怪，或山泽之神，也可能是瘟鬼、疫鬼。它只有一只脚和一只手，为独脚鬼。

駮

駮的样子像马，却能够吃虎豹，可以用来作战。

据说駮是太古时期霸王龙的后代。龙化作马的故事，明代小说《西游记》当中倒有小白龙化作了唐僧的白马，故称白龙马。

又有人说《山海经》当中的窫窳（音讶羽）、合窳都是駮。

穷奇

在《海内北经》中也记载了穷奇，和此处《西山经》中的穷奇不同，记载为：

> 穷奇状如虎，有翼，食人从首始，所食被发。在蜪犬北。一曰从足。

【译】

穷奇像虎，却有翅膀，吃人从头部开始，所吃的人都是披散头发者。它身处蜪犬的北部。还有一种说法说吃人应从脚部开始。

两处的记载有些不同，一个像牛，一个像虎，但却都是能吃人的。

穷奇，历来被总结为《山海经》的四大凶兽（穷奇、梼杌、混沌、饕餮）之一，吃人怪兽之一，可谓恶名远扬。不过穷奇最邪恶的名声却来自《史记·五帝本纪》的记载："少昊氏有不才子，毁信忠恶，崇饰恶言，天下谓之穷奇。"舜帝将他流放，让他抵御魑魅，跟他一起被驱逐的还有黄帝的不才子混沌，颛顼（音专须）的不才子梼杌（音淘务），以及饕餮的三族。传说穷奇惩善扬恶，经常飞到打斗的现场，将有理一方的鼻子咬掉，给犯下罪行的一方送上野兽，鼓励坏人做更多的坏事，简直与西方传说中的魔鬼撒旦无异。鲁迅就在《故事新编·采薇》中描述一个拦路劫匪自称"华山大王小穷奇"。可见，穷奇已经成了人们口中恶人的代名词。

穷奇在传说中也有正面形象，那就是在一些民间驱鬼仪式中他成为吞食恶鬼的十二神或十二兽之一。而穷奇最早的形象是出现在《山海经》的上述两个条目当中。

嬴鱼

　　跟前面讲过的赤鱬、虎蛟一样，嬴鱼的叫声也像鸳鸯。同前面的长右和蛮蛮鸟一样，嬴鱼的出现也是水灾的征兆。

絮魮鱼

一般来说贝和螺的体内才有珠子，而这种外形像个倒扣小锅的鱼，居然能吐出珠玉，可谓奇珍异宝。有人认为絮魮就是珠母贝。

絮魮鱼在滥水中，滥水从鸟鼠同穴山发源。鸟鼠同穴山这个名字颇有些奇怪，古代的《山海经》研究者曾感慨“疑亦物之异种同处一穴，相驯而不相忌耳”，推测此山之中鸟与鼠和谐相处。滥水水流漫延，大概有不少贝类动物。

孰湖

孰湖"好举人"，应该是很好的坐骑，也有人解释说它喜欢把人高高地举起来。

有人认为它是马身而鸟翼，应该跟英招相似，但英招是为天帝看管下界园圃的神祇，孰湖只是一种动物。

卷三 · 北山经

朦疏

独角马朦疏可以辟火的说法，大概源自某地区古老的占卜卜辞或巫术习俗。

儵鱼

"食之可以已忧"，如若将"忧"翻译成"忧愁"，那么此
鱼可以治疗忧愁之症，和现在的抑郁症可谓相同。儵鱼像鸡而有
毛，却是水里的鱼，还有脚，甚诡异。

何罗鱼

有人推测，何罗鱼可能比较喜欢聚集，彼此将头与头扎在一起，所以乍看起来好像一个头十个身子。也有人认为何罗鱼就是属于头足类的鱿鱼，明朝杨慎有言："何罗鱼，今八带鱼也。"

明代王崇庆云："何罗之鱼，鬼车之鸟，可以并观。"这里的鬼车之鸟又是什么呢？有一种奇怪的传说，十首一身的姑获鸟（又名鬼车）就是从一首十身的何罗鱼化身而来的。清代吴任臣《〈山海经〉广注》引《异鱼图赞》云："何罗之鱼，十身一首，化而为鸟，其名休旧；窃糈于春，伤陨在臼；夜飞曳音，闻春疾走。"袁珂指出休旧应该就是姑获鸟。

除了可以治痈肿病，关于何罗鱼的功用还有一种说法，明朝胡文焕在《〈山海经〉图说》记述它"亦可以御火"，大概是某地一种原始巫术的反映。

孟槐

狟，是豪猪，或小型的类似于狐狸的貉。

孟槐可以御凶，大概也是某种原始信仰或巫术的反映，或者见于卦辞当中。

鳛鳛鱼

鳛鳛鱼样子像鹊鸟，长着十只翅膀，它羽毛末端的鳞片可以在水中划行，那么这十只翅膀是否可以载着它飞行呢？划过水面飞到空中？不得而知。

耳鼠

耳鼠有奇妙的药用价值。

袁珂指出，这个耳鼠可能就是"梧鼠五技而穷"的梧鼠，也就是鼯鼠。鼯鼠有四十多个品种，耳鼠大概是其中之一。

耳鼠的体型类似于较小的松鼠，毛色多样，爪子细小但有力，令它可以在树枝或者人的手指间灵巧攀越。毛茸茸的长尾巴可以保持身体平衡，赋予它短距离飞翔的能力，非常有助于逃生和捕猎，故曰"以其尾飞"。

所谓"麢耳"，是指耳鼠头上的两只长长的大耳朵，活像两只翅膀挺立在头后部，是它身上最引人注目的地方，不仅好看、听力敏锐，还可以在飞跃时起辅助作用，也构成耳鼠名字的由来。

幽鴳

可以说，在葱郁繁盛的边春山，幽鴳是一种可以叫人生出喜感的动物，它喜欢嘻笑，一看见人就躺倒假装睡着。东晋郭璞《山海经图赞》注："幽鴳似猴，俾愚作智，触物则笑，见人佯睡，好用小慧，终是婴系。"也是说它像个滑稽小儿。

诸犍

　　传说，诸犍又叫胖郎神，力大无穷，善射，威力可怖，被击中者九死一生，生则残废。它的长尾巴能发出巨响，行走时衔着尾巴，休息时盘着尾巴。

竦斯

　　有人认为竦斯也是某种猫头鹰。竦斯还令我们想起前面讲过的鹎鸟，它们都长着人一般的面孔，鸣叫声就跟它的名字一样。但竦斯并无吉凶色彩。

长蛇

《山海经》当中怪蛇的形象，与长蛇相似的还有能吞象的巴蛇，以及被后羿杀死的修蛇。

东晋郭璞《山海经图赞》描述："长蛇百寻，厥鬣（音列）如彘。飞群（音群）走类，靡不吞噬。"一寻为八尺，百寻是极尽地形容长蛇体大而长，而且飞禽走兽都可以吞噬，这一点又像巴蛇。

唐代诗人韩愈《咏雪赠张籍》有句"岸类长蛇搅，陵犹巨象豗（音灰）"，是以硕大的蛇来形容堤岸的蜿蜒曲长。古人还把长江称作长蛇。此外，长蛇在古代的语境中还经常用以指代贪婪地追逐目标且不舍不弃之徒，与封豕（大猪）并列。这始于《左传·定公四年》："吴为封豕长蛇，以荐食上国，虐始于楚。"还有，明代焦竑《玉堂丛》有语："见一恶人，恶之如封豕长蛇。"

有人认为长蛇应该就是响尾蛇或角蝰，"毛如彘豪"应该指的是蛇或蝰身上的鳞甲。

窫窳

关于窫窳的样子，除了《北山经》的这一条说像牛，《海内南经》对窫窳也有记载，说它长着龙首，住在水里："窫窳居弱水中，在狌狌之西，其状如貙（音出），龙首，食人。"其意为：窫窳住在弱水中，处在狌狌的西面，它的形状像貙，长着龙一样的头，能吃人。

陶渊明在《读〈山海经〉十三首》的第十一首当中咏道：

> 巨猾肆威暴，钦䲹违帝旨。
> 窫窳强能变，祖江遂独死。
> 明明上天鉴，为恶不可履。
> 长枯固已剧，鵕鹗岂足恃！

这是什么意思呢，在钦䲹、窫窳和祖江（即葆江）之间究竟发生了什么？

原来，这要参见前面讲过的《西山经》当中的这一条："又西北四百二十里，曰钟山，其子曰鼓，其状人面而龙身，是与钦䲹杀葆江于昆仑之阳，帝乃戮之钟山之东曰嵫崖。钦䲹化为大鹗，其状如雕，而黑文白首，赤喙而虎爪，其音如晨鹄，见则有大兵；鼓亦化为鵕鸟，其状如鸱，赤足而直喙，黄文而白首，其音如

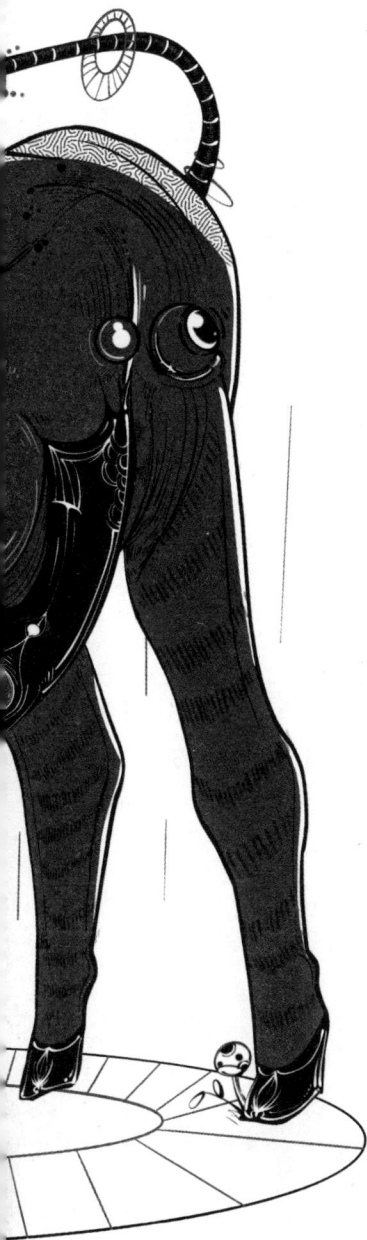

鹄，见则其邑大旱。"而其中钟山山神烛龙的儿子鼓就是窦窳。

窦窳与钦䲹为了争长生不老药杀掉了祖江，结果被天帝杀死，钦䲹化作大鹗，窦窳化作鵕鸟，陶渊明感叹它们永远地失败了，即使化作鵕、鹗也不是为非作歹的依仗。

但又有《海内北经》记载窦窳是被贰负和危杀害的："贰负之臣曰危，危与贰负杀窦窳，帝乃梏之疏属之山，桎其右足，反缚两手，系之山上木。在开题西北。"其意为：贰负有一个臣子叫危，危与贰负一起杀死了窦窳，天帝于是把他囚禁在疏属山，用脚镣锁住他的右脚，反绑住他的两手，把他捆缚在山上的树上。这个地方在开题国的西北。传说窦窳被害死后，天帝令十个巫师用不死药救活了他，谁知道他复活后却变成了一个龙首兽身的残暴怪物，到处害人，后来被后羿射死。

诸怀

诸怀的外貌，有些像牛也有几分像猪。郭璞在《〈山海经〉图赞》云："窦窳诸怀，是则害人。"窦窳即上文讲过的窦窳，诸怀跟它一样，都是能吃人的。

诸怀外形像牛，却长着四只角，有人一样的眼睛、猪一样的耳朵——有人指出诸怀实际上就是野猪，还有人认为诸怀是长相独特的猪鹿。

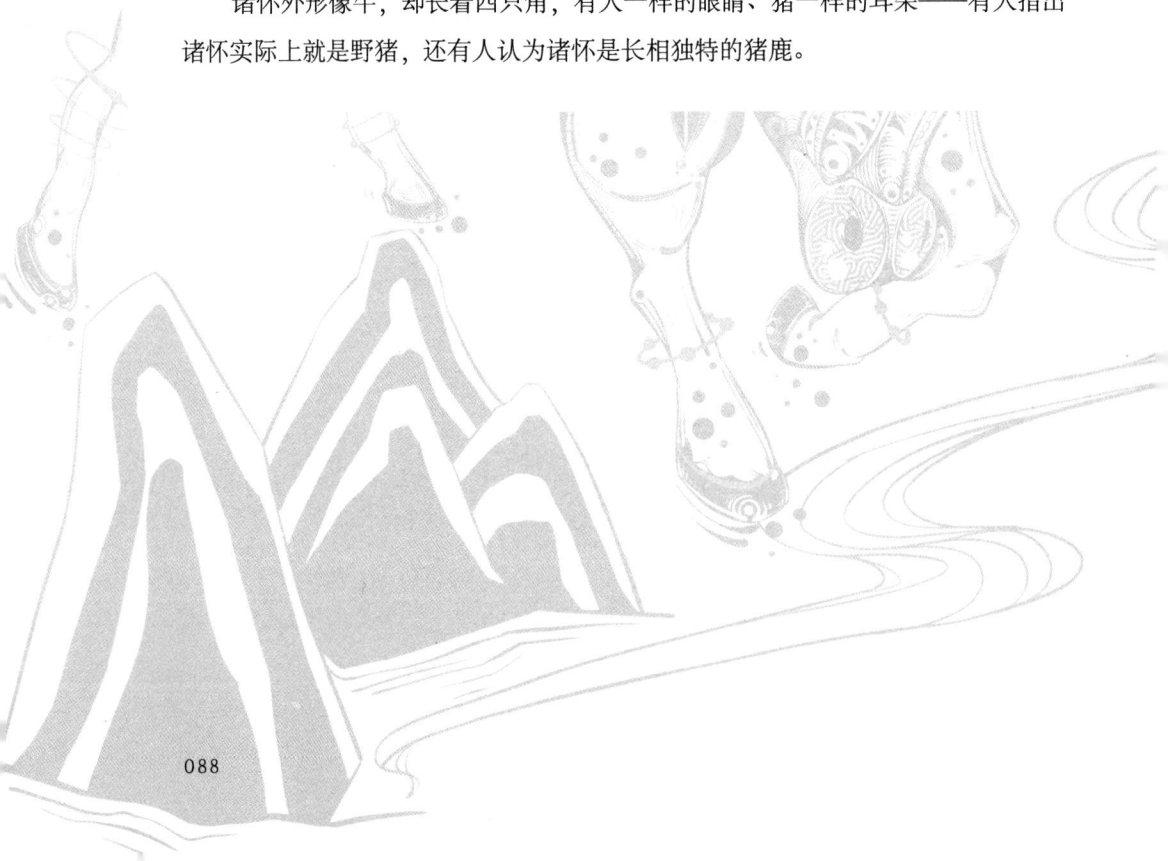

鲭鱼

按袁珂的解释，这种鱼大概就是如今所谓的海狗。

肥遗

可翻看《西山经》肥螠。

狍鸮

　　《山海经》中的怪兽有婴儿之音却能吃人的有很多，蛊雕、九尾狐、窫窳和狍鸮都是。

　　传说黄帝大战蚩尤的时候，蚩尤被斩，他的头落到地上化为饕餮。《神异经·西荒经》记载饕餮的样子说："饕餮，兽名，身如牛，人面，目在腋下，食人。"与此处所写的"其状羊身人面，其目在腋下，虎齿人爪，其音如婴儿，名曰狍鸮，是食人"非常相似。郭璞注狍鸮："为物贪惏，食人未尽，还害其身，像在夏鼎，《左传》所谓饕餮是也。"

独狢

　　独狢，可以说是一种奇怪的"老虎"，混合多种动物的外貌特征于一身。

鸎

  鸎与夸父外形相似，郭璞在《〈山海经〉图赞》中云"或作举父"。举父是《山海经》中一种勇猛无畏的猿猴。所以鸎这种鸟的样子，其实很像猿猴。

骓

骓会围绕着自己打转，叫声就跟它的名字一样，是一种很活泼可爱的动物。

有人认为骓应该是鹿的一种。鹿当中的麋鹿，就跟骓一样具有四不像的特点。

天马

　　天马的叫声就跟它的名字一样，还能够见人就飞起来。

　　后来，"天马"这个名字还成为良马、好马、宝马的代名词，如《史记》记汉武帝得到乌孙马，就将其命名为"天马"；后来又得到更好的大宛汗血马，便将乌孙马改名为"西极"，而把大宛汗血马叫作"天马"。

精卫

　　精卫是《山海经》当中一个非常感人的神话形象，"精卫填海"是一则动人的神话故事。炎帝的小女儿女娃被大海淹死后，没有化为厉鬼，也没有夜夜哀怨，而是变成小鸟不断填塞大海。尽管大海是填不满的，但精卫仍坚持不懈。

　　明代曾有人提出精卫填海只表明其不自量力，不可真的以为有这回事，但也有人称其为浪漫的自由和精神激励。

　　东晋大诗人陶渊明就有诗歌颂了精卫鸟。

　　　　精卫衔微木，将以填沧海。
　　　　刑天舞干戚，猛志固常在。
　　　　同物既无虑，化去不复悔。
　　　　徒设在昔心，良辰讵可待！

辣辣

辣辣独角且独眼，也是一种怪兽。

有人怀疑记录它的古人只是看见了它一半的身体所以称奇，而它不过是一只普通的羊罢了。我们无法得知，实际上《山海经》里记录的独角或独眼的动物还是不少的。

獂

三足兽在中国古代比较常见。獂大概是一种三足牛。

马身人面神

　　有研究者提出，《山海经》的《山经》实乃上古时期一些原始部落举行地方宗教仪式或巫术祭祀的祭祀词。而本条所反映的山神祭祀习俗，我们今天在某些较原始的农业地区还能够看到。祭祀山神使用的器物（玉、玉璧）和采用的祭品（藻和苣之类的香草，还有糯米、大米等稻米），在本段文字中都有。被祭祀的山神有的马身人面，有的猪身人面。研究者指出现今一些少数民族山区的社稷祭祀采用望祭，以及反复祭拜五方（东西南北中）山神的做法，在《五藏山经》当中就有。

　　其实，现存原始山村的祭拜祷词跟《山经》的文字叙述差别还是较大的。另外，四方神五方位的观念的影响在中国各种文化活动中都普遍存在，《山经》是否就是古代巫师口中念的祷词，应该另当别论。不过，总体上，《山海经》体现出的空间想象和物产资源意识，都与原始的宗教祭拜和巫术观念不无关联。

卷四 · 东山经

狪狪

狪狪之"有珠"，是指身体内部含有珠子还是外部长着珠子，不得而知。郭璞在《〈山海经〉图赞》中曰："蚌则含珠，兽何不可。"

犰狳

犰狳是南美洲和中美洲特有的珍稀动物，《山海经》此处所描述的犰狳的种种外貌特征和习性跟今天生活在美洲大陆的犰狳十分吻合，现今在中国却找不到犰狳的踪迹。于是，有人由此推断，《山海经》的《山经》记载的乃是世界地理，而不只限于今天中国的疆域！

犰狳被动物学家认为是防御能力最完善的动物之一，它天生胆小，一旦遇到天敌，便迅速逃走，打洞钻进洞里；如果来不及逃走就缩成一团，用坚硬的鳞甲保护全身，这一点应该就是犰狳"见人则眠"的由来。

獙獙

据说这种长着翅膀似狐狸的獙獙并不能飞。

峳峳

　　峳峳这种像狗一样吠叫的马，它与一个国家出现很多狡猾的人物之间究竟具有怎样的关联？

　　而同样在硬山，絜鉤鸟的出现还会伴随瘟疫爆发。有人认为絜鉤就是蝙蝠，絜鉤的字面意思是挂着钩子，而蝙蝠是倒挂在岩壁或枝杈上休息的。蝙蝠中有一种鼠尾蝠，分布在亚洲南部和非洲北部的干旱地区。

　　那么，峳峳、狡客、絜鉤与瘟疫之间，究竟构成怎样的磁场关系，恐怕非浅层观察可解。

鲐鲐鱼

　　鲐鲐鱼在多种古籍中有所记载，如《事物绀珠》说鲐鲐鱼如鲤鱼，有六只脚，长着如鸟一样的尾巴，出自东方深泽河之中。还有人说鲐鲐鱼具有很强的潜水能力。

茈鱼

有人说，茈鱼即乌贼。

合窳

　　合窳就是窫窳。窫窳的外形像牛或者像貙而龙首，而合窳形
状像猪而人面，都是食人的凶兽。

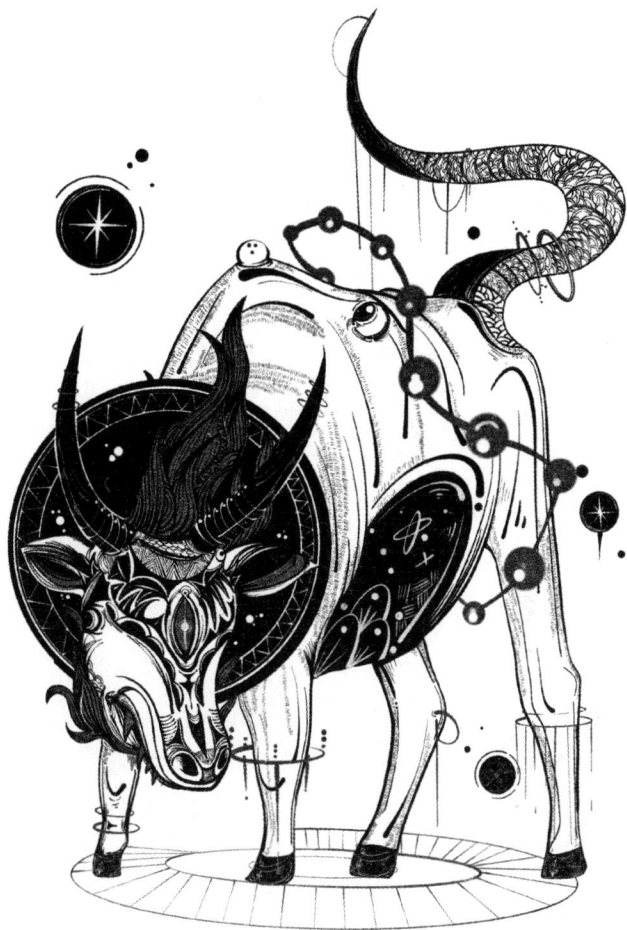

蜚

　　"蜚"字在古汉语中同"飞"，然而以蜚为名的怪兽不仅体大沉重如猛牛，而且非常恐怖，走过的地方水会干涸、草会枯死，还总与瘟疫的出现相伴。

　　独眼牛"蜚"无疑是一种灾兽。

卷五·中山经

化蛇

　　传说春秋时候在魏国的古城附近，有个农夫听见婴儿的啼哭声，走近却发现是个蛇形妖怪。之后黄河泛滥，淹没了八百多个村镇。

武罗神

　　青要山是天帝的都邑，魖武罗是主管这里的山神。从《山海经》这一条的描述就能看出，武罗是一个美丽婀娜的女子，"其状人面而豹文，小要而白齿，而穿耳以镰，其鸣如鸣玉"。

　　传说武罗是一个面貌姣好的女子，青要山出产其肉利于生育的鸟和能够美容的草果，是一个适宜女子居住的地方。魖的意思是鬼中的神灵，武罗实际上应该是某个原始部落的祖先神。武罗神以畜养动物和祭祀著称，据说她的后裔就是少典氏。祭祀武罗之神有可能是从黄帝时代开始的，而黄帝的氏族就是在为伏羲家族从事畜牧业的基础上发展起来的。青要山也是伏羲氏族的活动地点之一。黄帝其人对于古老的伏羲氏族非常崇拜，必然经常举行祭祀以表敬畏。

　　河南新安县在青要山的腹地有座叫城崖地的村庄，村东边就有一座武罗宫，宫中供奉的即为山神武罗大仙。

　　美丽、健朗的武罗女神，反映出我国古代妇女勤劳智慧的美好形象。

　　武罗女神在众山神当中有着较高的地位，《中次三经》的末尾称："其祠：泰逢、熏池、武罗皆一牡羊副，婴用吉玉。其二神用一雄鸡瘗之。糈用稌。"《说文》曰："副，判也。"《周礼》曰："副，辜祭。"副的意思也就是将牡羊"刳其胸腹而张之令其干枯"的祭祀做法，显然，这属于较高的祭祀等级。

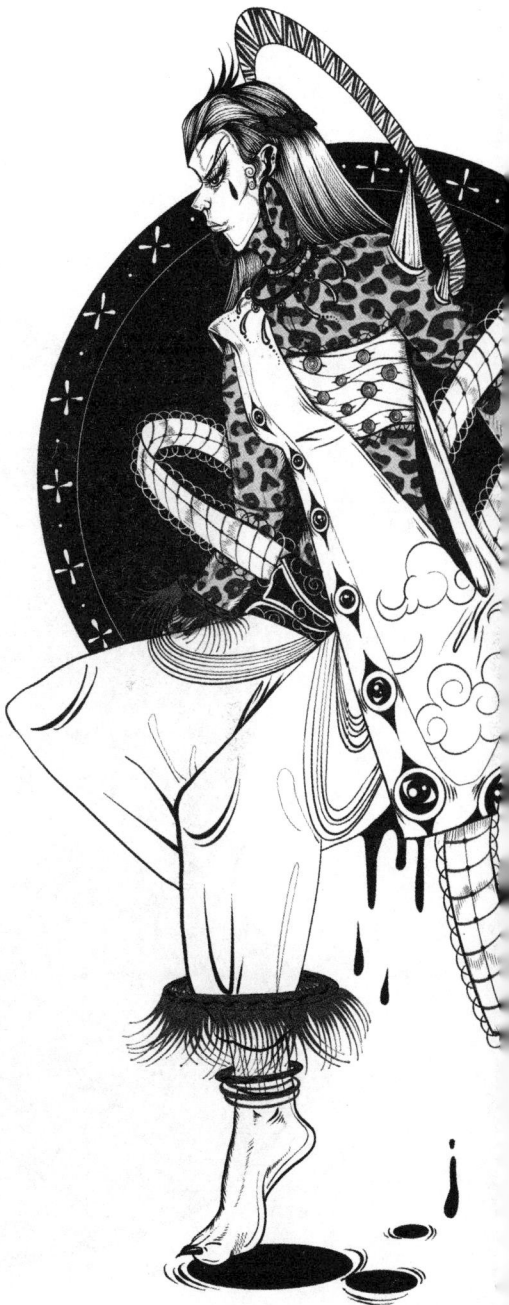

獭

獭在厘山，厘山在今河南嵩县境内。

䮰鸟

与鹎鸟、辣斯一样，䮰鸟也长得很像猫头鹰，它有一定的药用价值，有益。

骄虫

　　平逢山的山神骄虫从事蜂蜜酿造业，地位应该低于前面讲述过的武罗神，这从对其的祭祀可以看出。如前所述，《中次三经》中称："其祠：泰逢、熏池、武罗皆一牡羊副，婴用吉玉。其二神用一雄鸡瘗之，糈用稌。"可见采用雄鸡是属于对"其二神"的祭祀做法，属于对山川神祇的较低等级的祭祀。

三足龟

关于三足龟"食者无大疾"，还有另一种解释是说二足的龟不可食用，而三足龟却有一定的药用价值。

东晋郭璞证实确实存在三只脚的龟："今吴兴阳羡县有君山，山上有池，水中有三足六眼龟鳖。"

传说三足龟又叫贲龟，《尔雅·释鱼》记："鳖，三足，能；龟，三足，贲。"

蠬围

蠬围是水中的神怪，有人根据蠬字为鳄鱼之义，猜测它是水
中爬行动物的化身。

计蒙

传说计蒙曾帮助颛顼打败了共工，之后才有共工怒触不周山的故事。

还有一种说法，是说计蒙是司雨之神，也就是雨师，那么后面在《海外东经》当中我们将讲到的雨师帮助蚩尤对战黄帝派来的应龙的故事，也可以归到计蒙的头上。

跂踵

跂踵的长相像猫头鹰，却是
会带来大瘟疫的灾鸟。

獜

獜这种似狗一样的动物，有药用价值。

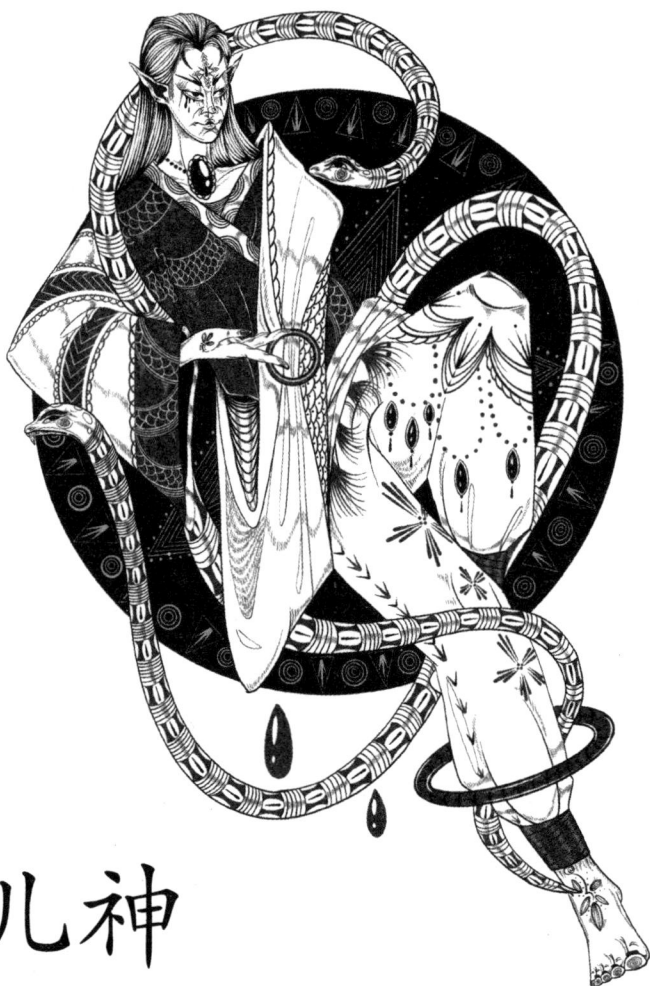

于儿神

于儿神为"人身而手操两蛇"的形象，倒与秋神或西方之神蓐收、冬神或北方之神禺彊等相似。但是，于儿神是经常遨游在江渊里的，这就令他的形象更为神秘。

跟蠱围一样，于儿在出入渊海时也闪烁着水光，那么，于儿有可能是蛇一类的爬行动物的化身。晋代郭璞注《山海经》说："于儿如人，蛇头有两，常游江渊，见于洞广，乍潜乍出，神光惚恍。"那么，这个"蛇头有两"就令人想起双头蛇一类的水怪。

卷六・海外南经

比翼鸟

郭璞对比翼鸟注曰："似凫，青赤色。"比翼鸟的羽毛颜色青、红间杂，两只鸟必须并在一起才能够飞翔。我们前面所讲的《西山经》里的蛮蛮就是比翼鸟。

然而，当代的《山海经》研究者提出一个重要的观点，即《海经》与《大荒经》来自对星象的观察及与历法相关的传说，主要属于天文学的知识视野。如《海外经》第一卷《海外南经》开头就说："地之所载，六合之间，四海之内，照之以日月，经之以星辰，纪之以四时，要之以太岁。神灵所生，其物异形，或夭或寿，唯圣人能通其道。"讲述了空间与时间两个维度，也可谓地理与天文两个维度，最后说明这些同样是决定事物的外在因素。如果说前面的《山经》阐释的是地理因素，看起来更加光怪陆离不可思议的《海经》与《大荒经》则阐述的实为与天文历法有关的知识。

从这样一种解读角度来看，《海外南经》的开头部分所写到的比翼鸟，不见得是突兀地写一种鸟，而有可能与某种星座或天象有关，但至今尚没有专家进一步指出其具体的所指。还有学者提出，《海外经》与《大荒经》很可能主要为对古代月令图的图解，因而，其东南西北四个方位就不是地理空间意义上的，而是对应着春夏秋冬的时间节气，那么出现在《海外南经》当中的比翼鸟以及下一条的二八神，应该都与夏至时令的祈雨舞有关。比翼鸟两鸟比翼，很可能是夏至时表演的一种雨舞。

二八神

  有学者认为二八神代表二佾（佾为八人构成的一列），即每八人为一列，共有两列的舞蹈队列。《楚辞·招魂》有"二八齐容，起郑舞些"，《大招》有"二八接舞，投诗赋只"。接舞，即牵手连袂而舞，近似二八神手臂相连的动作。而用二八之舞祈雨的习俗，也可见于《春秋公羊传》等古籍的记载。

  此外，东晋郭璞对这一条注"昼隐夜现"。明代杨慎曾记述，有南方土著民族在夜里遇到过这位二八神，称其为夜游神，且并不以此为怪。笔者遂由此

想到：今天，我们医学记录上载有梦游症患者在夜间出去活动时，两只手往往呈同时前伸或侧伸等僵直的姿势，那也真有点二八神的意思。

不过，还有考古学者通过对在印度河流域的哈拉帕古城遗址出土的印有古文字和图案的徽章的考察，认为其中与"二八神"对应的徽章说明了"二八神"的记载确有其事，他们是两个八人一组的为某帝王夜间巡逻的南方卫队，在今孟加拉湾附近。

讙头国

　　讙头，也就是讙朱、丹朱等，相传是尧的长子丹朱一系，与舜作战失败，被放逐于南方。

　　很多研究者提出《海外经》是《大荒经》的另一版本，二者之间有很多对应的内容，如讙头国就是《大荒南经》中的驩头，也是"人面鸟喙、有翼、食海中鱼"的形象。《大荒北经》记载："颛顼生驩头，驩头生苗民，苗民厘姓，食肉。"可见驩头留下的后代是苗民。驩头与苗民都处于南方。

　　还有一种说法，讙头国是鲧的后代。而讙头国及前面我们讲过的比翼鸟等条目，都显示出《海外经》和《大荒经》有东方鸟夷文化的明显印记。这么说来，南不一定指南方，也可能指夏季。

厌火国

　　厌火国是四方国当中南方的代表。不仅身体被炙烤得黢黑，口中还吐火，这些都是对于炎热的描述。厌火国在《大荒经》中对应的是寿麻之国，即位于南北回归线之间，有人说是今天的斯里兰卡（又说为索马里或苏门答腊或云南的孟定坝）。

交胫国

交胫国应该就是后来传说中的交趾国。交趾是立表测影中的一种现象，即中午的时候在正南方向的立表测影的投影是对称的。交胫国应该处于正南的方位。

羿射杀凿齿

　　羿是中国上古传说中的一个重要英雄。除了《山海经》记录他射杀凿齿，后来的《淮南子》还进一步演绎，他总共杀死了猰貐、凿齿、九婴、大风、封豨、修蛇六个危害人类的怪兽或神人："猰貐、凿齿、九婴、大风、封豨、修蛇，皆为民害。尧乃使羿诛凿齿于畴华之野，杀九婴于凶水之上，缴大风于青丘之泽，上射十日而下杀猰貐，断修蛇于洞庭，擒封豨于桑林。"

　　凿齿是传说中居住在南方沼泽地带的怪兽，獠牙露在嘴外，如同凿子，长五六尺。手中持有盾和矛，掠食人类，作恶多端。相传天帝派羿前往讨伐，凿齿被射死。

　　羿与凿齿战于寿华之野的故事是中国古代著名的英雄传说之一。因为羿持弓矢，以及《淮南子》记述他"上射十日"，所以人们认为这个羿就是"后羿射日"中的后羿。而凿齿应该是在神话传说中被妖魔化的上古南方部落的象征。

祝融

　　《海外经》出现了四位代表四方的神，为句芒、祝融、蓐收、禺彊。祝融是其中代表南方的神。

　　当代有多位研究者总结，《海外经》由《大荒经》衍生而来，比《大荒经》更为成熟。祝融在《大荒经》当中只是一个神人，还不是明确的四方神之一，而到了《海外经》则成了南方神。

　　在一些神话传说中，祝融还是火神。

　　上古时期森林草莽密布，蛇莽遍地，为害成灾，所以很多神人或神祇的形象都来自打蛇英雄。也就是两手抓蛇，两耳挂蛇，或两只脚踩着蛇，而乘两条龙的形象就由两脚踩蛇而来。祝融神的造型便反映出这个特点。

卷七·海外西经

夏后启

夏后启是大禹的儿子，开辟了世袭制，创立了夏朝。

从文字上看，甲骨文里不仅有"启"字与"夏"字，还存在"后"字。中国各朝代皆称本国君主为帝、王、皇，唯有夏后氏时期称自家君主为后，汤代以前的早商时期也称万邦联盟的共主夏后氏为后。

《海外经》是《大荒经》的衍生版本，《海外经》的很多内容可以在《大荒经》中找到对应，关于夏后启的这一条，在《大荒西经》中就有夏后开的对应。夏后开（启）就是在穆天子之野或大乐之野获得《九辩》与《九歌》的。因为，《海外西经》中记载夏后启居住在三身国之南，三身国在《大荒西经》对应的就是大荒之野。

夏后启的臣子孟涂是巴人所供的神。孟涂住在丹阳。夏朝亡国时，夏耕打败仗逃到巫山。根据多条线索，民国时期的物理学家、巴蜀学者吕子方认为，很可能从鲧开始一直到夏朝灭亡，都有其子孙居住在西南一带，夏族或许就是西南的民族。

奇肱国

奇，是单一的意思，肱是上臂的意思，奇肱即指一条胳膊。

后世多把奇肱国理解为一个虚构的国家。晋代张华在《博物志》曰："奇肱国，其民善机巧，以杀百禽，能为飞车从风远行。"东晋郭璞的《山海经图赞》中称赞奇肱国："妙哉工巧，奇肱之人！因风构思，制为车轮。"

大概奇肱国国民善于杀各种鸟，掌握了鸟的机体生理构造，因此获得灵感制造出乘风的飞行器具。

刑天

刑天无疑是《山海经》所有神话传说中最动人的形象之一。陶渊明在《读〈山海经〉十三首》的第十首当中赞美了刑天虽败犹战的精神："刑天舞干戚，猛志固常在。"

那么，刑天是谁呢？

有人认为刑天只是头部的纹饰，不是一个人。刑天这两个字意为断首，仅从其名字看，不知其为何许人也。

那么刑天与之争神的帝，又指的是谁呢？袁珂认为，指的是黄帝。而刑天可能是黄帝的对手炎帝的某个臣子。

也有人认为刑天是开题氏的祖先，蚩尤被砍头的传说令民间相信刑天即蚩尤。

而当代的研究者又提出一种重要的观点，即刑天所代表的古代原始宗教崇拜，从属于夏桀部落所奉的太阳神崇拜，所以刑天应该是夏桀手下某部落的首领。刑天与帝争神失败的故事，反映出崇拜天帝的商部落战胜了信仰太阳神的夏王朝。《海外西经》中的刑天在《大荒西经》中对应的是在成汤打败夏桀后逃到巫山的夏耕之尸。而挥舞盾和板斧（舞干戚），是在军事作战中运用巫术仪式、威慑敌人的表现。

后世的民间宗庙祭祀舞蹈中就保留有舞干戚的巫术仪式，而且，挥舞的人变成了夏桀本身。无疑，《山海经》的这段记载原自成汤伐夏桀的历史。

话说回来，人失去了脑袋，又如何在战斗中取胜呢？陶渊明的"猛志固常在"这句诗，无异于颂扬了一种不惧失败的勇猛精神。除去这种虽败犹勇的赞颂不说，这个形象也反映出中华民族深层的精神肌理当中潜藏的能量和智慧。

历史上的社会斗争所留下的高尚的情感，必然可以用于激励人类社会文明进步。

并封

在星象观测中，西方七宿的奎宿就是猪的形象，奎宿也叫封豕，"封豕"一词在后来就变成大猪的意思。

那么，并封究竟是什么意思呢？

《大荒经》衍生出《海外经》，《大荒西经》中的"屏封"就是《海外西经》本条"并封"的来源。闻一多先生在《伏羲考》当中指出"并封""屏蓬""平逢"等近音异文词本字是"并逢"，并与逢都有合的意思，指动物的牝牡相合。

并封这头像猪的怪兽前后都有头，也可能是两头猪合在一起时的轮廓，用以描述奎宿星座。

轩辕国

　　如前所述，《海外经》与《大荒经》当中的国度有很多所指的是星象。但是《海外西经》中的这个轩辕国，很可能既指轩辕星，同时也指轩辕星对应方位的轩辕国。轩辕国出现在《大荒西经》和《海外西经》当中，两次所在方向一致，但是轩辕星本身属于南宫，不属于西宫，有人认为，大概轩辕星在某一时分出现在这个方位，被古人观测并记录了下来。

　　此外，《大荒西经》也有关于轩辕国的一个条目："有轩辕之国，江山之南栖为吉，不寿者乃八百岁。""江山之南栖为吉"显然是占星之语。《海外西经》中的"轩辕之国在此穷山之际"中的穷山，可能就是"江山"的通假。而轩辕星与长寿相关，当然为吉星。

　　关于轩辕星的外形，这里说它"人面蛇身，尾交首上"，与《史记·天官书》对轩辕星的描述"轩辕，黄龙体"也是吻合的。

　　还有一种说法，如果从长寿的表述来看，轩辕之国也可能指的是西宫里的南极老人星，而《史记》表述："老人一星，在弧南，一曰南极，为人主占寿命延长之应……见，国长命。"人们若是见到这颗星，国家就能长久，所以也有人说八百岁可能指周朝的国祚有八百年。

乘黄

乘黄兽样子像狐狸，却是一种飞马，这大概也是成语"飞黄腾达"的由来。至于为什么乘坐乘黄兽就可以使寿命达到两千岁，还是一个有待破解的谜。

蓐收

《海外经》里面的四方神为
句芒、祝融、蓐收、禺彊，其中蓐
收代表西方神。在《西山经》中记
载："又西二百九十里，曰泑山，
神蓐收居之。其上多婴短之玉，其
阳多瑾瑜之玉，其阴多青雄黄。是
山也，西望日之所入，其气员，神
红光之所司也。"意思是说：再往
西二百九十里，有座泑山，天神蓐
收居住在这里。山上盛产一种可用
作颈饰的玉石，山南面到处是瑾、
瑜一类的美玉，而山北面到处是石青、雄黄。站在这座山上，向西可以望见太阳落
山的情景，那种气象浑圆，是由天神红光所主管的。这里交代了蓐收处在西方，西
方是日落之地，天边的晚霞还令古人联想到一位红光神。

蓐收居住在靠近西极的泑山，从其名字上看，蓐收即溽收，溽是溽热、溽暑
的意思。夕阳西下，热气渐收，蓐收就是古人想象的那位每天把白天的热气收走
的神。

值得注意的是有关蓐收形象的演变。白虎星在西方，后世以白虎的外形来想
象西方神。清代吴任臣编注的《山海经广注》当中就描述道："左耳有青蛇，乘两
龙，面目有毛，虎爪，执钺，西方金神也。"这基本上等同于我们今天对传统文化
当中四方神（命名为东边的苍龙、南边的朱雀、西边的白虎和北边的玄武）最常见
的描绘。早在战国时的《国语》当中，蓐收已经被描述为"白毛，虎爪"，具有了
后来的西方神白虎的雏形，而《山海经》中的蓐收还是原始初民宗教神话中常见的
打蛇英雄形象，可见《山海经》成书更早。

卷八・海外北经

烛阴

不难看出，烛阴不是一位普通的神，而是一位非同小可的神。

钟山之神在《大荒北经》中被称为烛龙，也就是这里的烛阴。那烛龙究竟是谁呢？对于他的身份，有人认为他是太阳，有人认为他是盘古，有人认为他是祝融，还有人认为他是北极光，或龙星。但古人已经说明烛龙能照耀太阳所照不到的地方，从古至今，并没有学者真的解开烛龙的真身之谜。

相柳

　　大禹杀相柳的传说，是一个惊心动魄的故事，表现出上古时代的英雄人物与自然灾害斗争的魄力。传说中相柳的形象非常凶恶，巨大的青色蛇身上长着九个脑袋，九个脑袋在九座山上觅食，所触及的地方都成为苦水的沼泽，人与动物都无法饮用，发洪水的时候更会泛滥成灾。所以大禹在治理好洪水之后就杀掉了它。

聂耳国

文虎，即雕虎，老虎身上的花纹如同雕画似的。

聂，通"摄"，握持的意思。

它的西边有无肠国，北边有黑齿国。

县，通"悬"，无所依倚。这里是说聂耳国在一座被海水环绕的孤岛上。

夸父

　　夸父在《山海经》中有两种面目，一种是野兽名，一种是人名。对此，有的研究者认为二者之间有关联，逐日的夸父应该是以野兽夸父为图腾的某原始部落的首领。

　　夸父逐日的神话从古至今流传甚广，其实里面还有很多曲折的情节。《山海经》当中有两处记述夸父追赶太阳，除了本条目，《大荒北经》还有一条记述。

　　大荒之中，有山名曰成都载天。有人珥两黄蛇，把两黄蛇，名曰夸父。后土生信，信生夸父。夸父不量力，欲追日景，逮之于禺谷。将饮河而不足也，将走大泽，未至，死于此。应龙已杀蚩尤，又杀夸父，乃去南方处之，故南方多雨。

【译】

　　大荒当中，有座山名叫成都载天山。有个人耳朵上挂着两条黄蛇，手里拿着两条黄蛇，名字叫夸父。后土生了信，信生了夸父。夸父不自量力，想要追赶太阳，他追到太阳降落的禺谷的时候想要喝水，就想去黄河喝水，怕水不够喝，他便想要去往大泽饮水，尚没走到，就死在了中途。后来，应龙杀掉蚩尤，又杀掉了夸父，（上不了天，）于是去往南方居住，所以南方多降雨。

　　那么，这两条写夸父追赶太阳的目的，一个是与太阳竞跑，一个是追赶太阳，比较近同，夸父的死因也都是干渴难耐在求水的途中死去。但是，为什么又说"应龙已杀蚩尤，又杀夸父"呢？《大荒东经》也提到夸父被应龙所杀："大荒东北隅中，有山名曰凶犁土丘。应龙处南极，杀蚩尤与夸父，不得复上，故下数旱。旱而为应龙之状，乃得大雨。"

　　研究者吴晓东将相关情节梳理到一起，指出《大荒北经》中描述黄帝大战蚩尤和之后讲到的关于女魃的一段其实是有关联的。于是，将几个片段前后调整，汇集成一个情节曲折的故事，关于夸父死因的情节就解释通了：蚩尤去攻打黄帝，黄帝请来水神应龙抵御蚩尤。应龙积蓄了汪洋大水，蚩尤也用水攻的办法来还击，他请来风伯和雨师，呼来大风，降下大雨。黄帝于是改变战术，请大旱女神女魃下到地上，遏止住蚩尤的大雨。应龙趁机擒住蚩尤，将其杀死。但女魃回不到天上了，她本是太阳的一个化身，所到之处会引起干旱。所以天帝就把她困在赤水北面的一个地方，不让她行动。可是她时常跑出来，还想像其他太阳一样从东往西走。而夸父是一位善跑的巫师，自告奋勇去追捕女魃。女魃能带来旱情，但用眼睛看不见她，只能追逐太阳的影子以追赶她。夸父在禺谷追到了女魃。可此时他离太阳太近了，口渴难忍，把黄河的水喝干后，又去寻找大泽里的水，结果死在了中途。民间在求雨时，仪式常有向应龙的神像求雨，或驱赶旱魃之神。这样就有了应龙杀掉蚩尤，又杀掉了夸父的说法。

古希腊中有阿波罗追求月桂女神达芙妮的传说，是演绎太阳神对爱情的追求，当他追赶上并拥抱达芙妮时，达芙妮却变成了一棵月桂树；夸父和女魃，展开的是为田地风调雨顺而进行追捕的故事，两者是不同的。

也有研究者认为，在夸父逐日的故事中，夸父往北跑是因为他的原型乃是最原始的天文观测工具立表测影。也就是在地上立一根杆子，通过观察杆子的投影，来测定一天里的时间，以及一年当中这个时节日照的角度等。古时称中午为禺。太阳的影子与太阳的方向正好相反，那么可以看到，早上太阳出来的时候在东方，而立表测影的影子在西边。之后这个影子会以一个弧线从西往北再往东移动，正午太阳到达最高点时，影子正好朝向正北方，而在这个位置的时刻是最短暂的。这也许就是夸父追捕女魃"逮之于禺谷"所隐藏的含义。

立表测影用来计数一天里的时刻，并且可以通过太阳照射的角度测出一年当中的节气。《山海经》当中，如果说羲和代表日（一旬十日），常羲代表月（一年十二个月），噎鸣代表岁（岁星十二为一周天），夸父逐日则应该跟一天当中的时辰有关。《大荒北经》说"后土生信，信生夸父"，《海内经》则云："共工生后土，后土生噎鸣"。那么，噎鸣很可能是夸父的叔父。他们皆属于历法家族，基本上，噎鸣与太阳的公转相关，夸父与太阳的自转相关。

明代的理学家既不喜神话学也不懂天文学，以为夸父逐日就跟精卫填海一样，都是不自量力的表现。东晋的大诗人陶渊明却在《读〈山海经〉十三首》的第九首当中赞美了夸父的雄奇壮举。

夸父诞宏志，乃与日竞走。

俱至虞渊下，似若无胜负。

神力既殊妙，倾河焉足有！

余迹寄邓林，功竟在身后。

　　其意思是说夸父立下宏伟志愿，竟要
跟太阳竞走。他跟太阳同时到达太阳落下
的地方，好像没有分出胜负。他的神力既
然非同一般地绝妙，把黄河一饮而尽又何
以足够！丢下手杖寄托心意变成邓林，功
劳留给了身后的人。

禺彊

禺彊，也叫玄冥，神话传说中的水神，在《海外经》中已经成为四方神之一，代表北方。

卷九·海外东经

奢比尸

有研究者认为奢比尸应该与星象中东方七宿的氐宿相对应。《史记·天官书》认为："氐为天根，主疫。"

奢比尸神即肝榆尸神，也就是榆树神，每年二三月，榆荚落，"行毒气，故有疫"，所以民间便有祭祀榆树神的仪式，祈求健康平安。

《山海经》当中多处出现的尸，指尸神，也就是供祭祀的神的造像或在祭典仪式中扮演神祇的人。

君子国

君子国对应东方星宿中的亢宿。它由四颗星组成，被认为颇似代表朝廷的庙堂，这里的臣子"衣冠带剑，食兽，使二文虎在旁，其人好让不争"，故而衍生出君子国的形象。

天吴

与本条目对应，《大荒东经》也有关于天吴的记述："大荒中有山，名曰明星，日月所出……有神人，八首人面，虎身十尾，名曰天吴。"

"吴"字是会意字，从口从矢，"口"表示呼喊、叫喊，"矢"像一个人在奔跑时回头反顾。两个构件结合起来表示一个人一边奔跑一边高声喊叫并回头反顾。这种情形描绘的是一幅经典的人类在原始时代狩猎的画面。这样就发现了如同大型野兽的狩猎人，就叫吴人。

古代的猎人在狩猎时常常身披兽皮，就像我国古典小说《水浒传》中武松打虎那一回中出现的披着老虎皮的猎户，今天在非洲土著部落的狩猎活动和原始舞蹈中仍保留这一特征。

古代"吴"字又常加"虍"首成为"虞"字，吴人因此又叫虞人，而在先秦文献中出现的虞人，指的正是专门掌管田猎的官吏。

《山海经》当中的天吴，已经演变为水伯，却鲜明地烙上了原始狩猎者的印记。

雨师妾

　　在《山海经》中，雨师妾既指国名，也指一个神话人物。雨师妾是一个女子的形象，皮肤是黑色的，据说与这一段前面的黑齿国国王（男子形象）动作相同，所以是一对配偶神祇。这两个神夹辅着用来测量太阳的扶桑树，构成一个春分仪式的场景。而雨师妾这个名字暗示着春天为庄稼祈雨，手持蛇或龟这个形象，在西汉的祈雨仪式中为重要法器。

　　还有一种说法认为雨师妾就是《大荒北经》中帮蚩尤作战的雨师。

卷十·海内南经

枭阳国

　　传说枭阳是类似狒狒一类的野兽，喜欢抓人食之。每当抓了人，在未食用前就会开心地咧嘴大笑，傻里傻气的。如果被它们抓住，趁它们大笑的时候，可以把竹筒塞进它们的手里，抽出自己的手逃走；或者趁它们大笑嘴唇上翻之机，快速用钉子把它们的嘴唇钉到额头上，遮住它们的眼睛从而趁机脱身。

兕

《山海经》中的兕是一只苍黑野牛的形象。

有人说兕是雌性的犀牛，又有人说兕并不是犀牛，兕与犀牛都属于犀科，但兕属于另一个单角的犀属。

兕在中国传统文化里比较常见，一般指一种大型的像牛一样的猛兽，常常将虎、豹、犀、兕并列，可见其凶猛。

巴蛇

　　巴蛇食象是古代著名的传说故事。巴蛇吞食大象之后足足消化了三年，可见大象之雄伟，巴蛇之硕大。

　　远古时期蛇莽遍地，巴蛇是巴蜀地区的产物，如此大的蛇的存在说明西南地区曾经有很多大蛇，后来随着森林草莽的退化及人类对于蛇害的铲除，蛇的数量锐减，巴蛇也早就绝迹了。有人说它存在于恐龙之前，是一种蟒。

卷十一·海内西经

贰负之臣曰危

　　前面说过，《山海经》是一部见仁见智的经书，封建社会时期不乏士大夫文人对其予以政治道德寓言的解读，除了前面小人国一条，贰负与危的故事也被明清时期的刘维认为，这个君臣合力为恶遭到天罚的故事被后代的汉宣帝应验了。刘维又将羲和浴日、浴月解释为劝勉臣子夹辅君主，因为日月在刘维的眼中是君主的象征。

开明兽

　　袁珂认为，开明兽就是《西山经》里面的陆吾神。

　　《竹书纪年》称开明兽是服侍西王母的灵兽，能洞察万物、预卜未来，经常在西王母出行前进行占卜。

　　还有一种说法，开明氏是古代蜀地的国王，死后升天变为开明兽。

三头人

据说三头人是由黄帝派来专门守护琅玕树的,他很忠于职守,用三个头六只眼睛昼夜轮流看守,丝毫不敢疏忽。

琅玕树是结珠玉为果实的仙树,相传这些果实是凤凰的食物。

卷十二・海内北经

三青鸟

三青鸟与西王母紧密相关，郭璞《〈山海经〉图赞》注释这三只青鸟"皆西王母所使也"。由此衍生，后世称传信的使者为青鸟。而在西方的文化语境中，青鸟是带来幸福的使者。

《西山经》中也提到三青鸟，说它居住在危山上："又西二百二十里，曰三危之山，三青鸟居之。"郭璞注："三青鸟主为西王母取食者，别自栖息于此山也。"

晋代诗人陶渊明在《读〈山海经〉十三首》的第五首当中歌咏了三青鸟，将自己对自在人生的向往寄托在这一美好形象当中。

> 翩翩三青鸟，毛色奇可怜。
> 朝为王母使，暮归三危山。
> 我欲因此鸟，具向王母言。
> 在世无所须，唯酒与长年。

诗文大意为翩翩飞舞的三青鸟，毛色特别可爱。早上去担任西王母的使臣，晚上飞回家居住在三危山。我真想托付这种鸟，去向王母全盘拖出心愿。我在人世别无他求，只求有美酒与长寿之年。

《大荒西经》在描述西王母山一带的沃之野时，也提到三青鸟，并提到三只青鸟不同的名字："有西王母之山、壑山、海山，有沃民之国，沃民是处。沃之野，凤鸟之卵是食，甘露是饮。凡其所欲，其味尽存。爰有甘华、甘柤、白柳、视肉、三雅、璇瑰、瑶碧、白木、琅玕、白丹、青丹，多银、铁。鸾鸟自歌，凤鸟自舞，爰有百兽，相群是处，是谓沃之野。有三青鸟，赤首黑目，一名曰大鵹，一曰少鵹，一名曰青鸟。"

穷奇

前面《西山经》所讲过的穷奇像牛，此处《海内北经》的穷奇像虎，两处记载的穷奇外形不同，却都是吃人的凶神。

袜

袜，就是魅，魅的本义指媚惑迷人的精灵，此处应该是穿着祭祀服饰的巫师。据说"魅"这个字本来的含义就是长发飘散的处女巫师所扮演的精灵，这和远古时代的生殖崇拜有关。

《山海经》对于魑魅魍魉都有记载，如前面讲过的《西山经》里的神魁（音魁），就是一种一足一手的山精石怪。

蓬莱

蓬莱是传说中的仙山，据说即今天山东烟台海畔的蓬莱县。

蓬莱山素有"人间仙境"之称，相传为神仙居住之地，由一只巨大的神龟背负，神龟遨游于东海，无迹可寻，所以蓬莱山的位置也不固定，只有飞仙才能抵达。秦朝的时候，方士徐福曾奉秦始皇之命，带五百童男童女寻找蓬莱仙山以求找到长生不老之药。

卷十三·海内东经

雷神

　　此处的雷神，应该是我国最早的雷神形象，他敲打自己的肚子，天上就会打雷。

　　民间传说雷神出生于古雷泽（即今天的山东菏泽），龙身人头，鼓其腹则雷，这是古代的人对打雷这种自然现象不理解，对其威力产生敬畏乃至崇拜，于是想象出雷神的神话形象。在之后的演绎中雷神的形象不断变化，由人头龙身逐渐变成尖嘴猴脸的形象，并定型。道教的神话记载了各种级别的雷神，最基层的是雷公，上一层为雷神，再上层乃雷王。传说雷王出生在广东省的雷州半岛，当地设有雷祖祠。在中国人的传统理念中，雷神是惩罚罪恶之神，人如果做了坏事或违背誓言，就有可能遭五雷轰顶。中国民间把雷神的生日定在农历六月二十四日，这一天要举行祭祀仪式，以寄托祛灾祈福、惩恶扬善的美好愿望。

　　雷神最初的记载见于《山海经》。

卷十四・大荒东经

大人国小人国

在古今中外的游历文学作品中，不乏主人公云游海外惊见大人国、小人国的描述，这体现出对异域见闻的奇异想象。

而《山海经》也被历代的解读者依据其自身的主观眼界和关注进行了见仁见智的解读。譬如，明代王崇庆受道学知识背景的影响，就把小人国看作人品格局不高者的国度，说："小人，靖人也。其刺恶者婉矣。形之大小而论，非旨也。"靖人即净人，指寺院中担负杂役、地位低下的俗人，而非以形体个子大小而论。因此小人国被想象为一则道德教化的寓言，讽刺人品格局低下的小人。

实际上大人国、小人国所对应的是大角星及其附近的星象。

大角星是一颗非常明亮的星，《史记》言其有"人君之象"。又有"摄提六星，夹大角，大臣之象也"的记载，这就是小人国。"靖"，据说表示恭敬，言臣子对君主恭敬。

希腊神话中就有很多由星象演变而来的神话故事，《山海经》中大人国、小人国的故事即属于这种神话。

禺䝙

这里的海，与海洋无关，只指方位，"禺京处北海，禺䝙处东海，是为海神"，是指禺京处于北部，禺䝙处于东部，是北方和东方的四方神。

《大荒经》里面四方神的名字尚保留着原始部落地方方言的特征，为不廷胡余、弇（音眼）兹、禺彊、禺䝙，分别代表南方、西方、北方、东方。禺䝙等四方神的名字也说明了《大荒经》成书更早，早于《海外经》。

夔

　　夔只有一只脚，是如同苍黑的牛一般的兽，因它的皮被黄帝做成鼓而闻名。

卷十五・大荒南经

跊踢

考古学家在今巴基斯坦境内的哈拉帕古城遗址发掘出五十枚印章，其中的两枚分别绘制着双双与跊踢。其中一枚上面的印度河流域古文字刻着"伯子杼·双双"。

印度印章上的"伯子杼·双双"，很可能就是古籍记载的帝杼，起先为子爵、伯爵，后来成为夏朝的一个帝王。《古本竹书纪年》夏史中记述："伯子杼帅师灭戈。""（伯子杼）帝杼。元年己巳，帝即位，居原。杼或作'帝'字，一曰伯杼。杼，能帅师者也，故夏后氏报焉。"学界早有人指出，夏族很可能发源于西南巴蜀地区，距今天的印度、巴基斯坦地区不远。

通过对这两枚出土印章的对照，研究者进一步指出双双与跊踢实乃同一种动物。不仅从两枚印章的图案而知两者属同一种类，《大荒南经》的这条记录还提示这个怪兽"左右有首，名曰跊踢"，"有三青兽相并，名曰双双"。实际上，"双双"与"跊踢"这两个名目所描述的应是代表伯子杼政权的两枚印章。

至于图案上的动物形象，在笔者看来，很像一头可爱的驴，在"跊踢"的印章上，显示为左右摆首，出现两个头，而在"双双"这枚印章上显示出侧身上下俯仰的三个头，两枚印章的图案都很像动画的捕捉效果。

还存在一种说法，本条目所述的是湘江以西的民族分布状况。赤水指湘江，流沙指红水河。跊踢即九万大山氏族，而三青兽指三个东部的僚族（毛南、么佬和苗族）；双双指舜舜氏族，一个以刺绣和纹身著称的氏族。

羽民国

　　羽民国反应出东方鸟夷文化的特征，说明这种文化的影响流传甚广。羽民国在《海外南经》的对应是："羽民国在其东南，其为人长头，身生羽。一曰在比翼鸟东南，其为人长颊。"

　　后来羽民国国民的形象逐渐丰满，《淮南子》记其为海外三十六国之一，其人脑袋与脸颊狭长、白头发、红眼睛，长着鸟的尖喙，卵生，背上长着一对翅膀，能飞却飞不远。晋代张华在《博物志·外国》记述："羽民国，民有翼，飞不远，多鸾鸟，民食其卵。去九疑（九嶷山）四万三千里。"

羲和

《大荒经》中的国度，有些是地上的国度，有些指星象或一些天文历法现象。而羲和这一条与古代历法有关。

传说羲和是天文历法的制定者，她把一个月定为三十天，十天一旬，这就是旬法，是十干的体现。

羲和生十日的神话故事，实际上标志着十干概念的诞生。十干，即今天的甲乙丙丁戊己庚辛壬癸，自古用来纪日，每月每干重复三次。

有研究者指出，古代天文历法的十干、十二支、六十甲子制度的出现顺序，应该是先有十干，稍迟有十二支，最后出现六十甲子。

陶渊明在《读〈山海经〉十三首》的第六首当中歌咏了关于太阳传说的瑰丽雄奇，其中"灵人侍丹池，朝朝为日浴"便是赞美了羲和为十个太阳沐浴的美丽传说。

逍遥芜皋上，杳然望扶木。
洪柯百万寻，森散复旸谷。
灵人侍丹池，朝朝为日浴。
神景一登天，何幽不见烛。

其意为可以望见远海的最高的神山芜皋山上，依稀可见栖息着十个太阳的桑树，大树枝有八百万尺长，浓荫覆盖住洗浴太阳的水域旸谷。灵人羲和在红彤彤的池水里伺候着家人，每天清早为太阳们洗浴。太阳一旦高升上天空，还有什么黑暗照耀不到呢。

卷十六・大荒西经

不周山

传说共工与颛顼争夺帝位失败，发怒撞倒了不周山，导致此山残缺，所以名叫不周山。不周，就是没有合拢，有一个缺口的意思。

《西山经》中对不周山也有描述。

又西北三百七十里，曰不周之山，北望诸毗之山，临彼岳崇之山，东望泑泽，河水所潜也，其原浑浑泡泡。爰有嘉果，其实如桃，其叶如枣，黄华而赤柎，食之不劳。

【译】

再往西北三百七十里，有座不周山。在山上向北可以望见诸毗山，高高地凌驾在岳崇山之上，向东可以望见泑泽，是黄河源头潜在的地方，那源头水流喷涌发出浑浑泡泡的响声。这里有一种特别珍贵的果树，结出的果实与桃子很相似，叶子却很像枣树叶，开着黄色的花朵，花萼却是红的，吃了它就能令人解除烦恼忧愁。

这段描述相当美丽生动，以至于明代的王崇庆虽然惯于从政治道德的角度解读《山海经》，但对此处的描述还是强调了其文学价值，赞赏《山海经》的文字在记述中蕴含着音韵之美，从而感叹"细玩此书，不独善纪而已（仔细把玩这本书，不只是整饬纲纪的目的了）"。当代研究者也指出，《山海经》富有乐园情结，叙述乐园的文字常采用优美的韵文。而本条目中关于不周山的描述，则涉及不周山作为一个神话符号存在的很多玄机。

其实，对于在中国古代神话中久负盛名的不周山，还存在一种天文学角度的解释，那就是，不周山指的是秋末的群星！而共工触不周山的神话实源于北半球纬度低于北极圈的地区。群星（包括龙星）在一年当中可见的运动轨迹呈现为一个没有闭合的圆周，这个缺口就在北方，从西北方位开始。所以，在古人眼里，天从西北向东南倾斜，即"天倾西北""地不满东南"，又联想到"天受日月星辰，地受水潦尘埃"的天文地理现象，这本来是地球这颗行星的气层本态，以及地球的自转和公转产生的现象，却被古人演变为共工发怒撞倒不周山的神话（参见《淮南子》）。

龙星的首宿为角宿，角宿最接近西北的群山，看上去就像龙星以角与山相抵。随着秋天的结束，龙星（共工）潜入西北群山，在整个冬天都隐没于西方，再也看不见了。于是就被传说为与高辛争帝，遂潜于渊，宗族残灭，继嗣绝祀。据说《易经》的乾卦之"潜龙勿用"就来自龙星的"遂潜于渊"。然而，共工并非没有后代。共工是炎帝的子孙，关于共工的祖先和后代，可见于《海内经》。共工的后代还成了历法家族（炎帝的妻子，即赤水氏的女儿听訞生下炎居，炎居生了节并，节并生了戏器，戏器生了祝融。祝融降临到江水居住，便生了共工。共工生了术器。术器的头是平顶方形，他恢复了先祖的土地，从而又住在江水。共工生了后土，后土生了噎鸣，噎鸣生下一年中的十二个月）。

另外，不周也是一个时间上的概念，《淮南子·天文训》记述了八节来风的名字："距日冬至四十五日，条风至；条风至四十五日……阊阖风至四十五日，不周风至；不周风至四十五日，广莫风至。"这段末尾的不周风距离开头的冬至又隔四十五日，正是秋冬之交的立冬节气。所以，所谓的不周之山，除了地理的含义，也可以说是一个历法上的时间概念，这也许就是《西山经》与《大荒西经》各自描述的不周山的区别所在。

女娲之肠

　　后世关于女娲的传说，最著名的是女娲伏羲兄妹成婚的故事，还有女娲造人、女娲补天、女娲制造笙簧的神话。《山海经》关于远古的创世女神女娲的记述，却只有女娲之肠这一条，可谓奇怪。

　　关于此处所记述的女娲之肠，古代学者当中，有人认为指的是古神女而帝者，有人认为指古之神圣女化万物者也，有人说有大圣之德省，还有人说她姓风，为女皇。女娲，王天下者也，七十变造化。而民国学者吕子方认为女娲是最早的神巫。关于她的神话有很多，以至于后代有各式传说，如宋玉笔下的巫山神女、王闿运的齐楚联姻说，她也是近代巫所供奉的仙女神巫的原型。

　　还有当代学者从天文学的角度认为女娲即秋天的龙星。女娲补天、共工与颛顼争帝、共工触不周山的故事，都是描述秋冬时期龙星运行的情况。

　　实际上《山海经》很可能是中国古籍当中关于神人谱系的最早记述，里面尚无演绎的成分，这一点颇似阿波罗多洛斯所著的《希腊神话》，平实简练地记录民族神话源头诸神的谱系。

　　毫无疑问的是，女娲之肠这一段是关于女娲的最早记载，早于《淮南子》所记女娲补天、女娲造人的传说。女娲以肠子的形象出现，似乎寄寓对世界的咀嚼消化之意。肠子横在路上，有阻拦、阻滞的含义，暗示做事的方式不是直接求成的。女娲之肠是十人，而非一人，有原始民主形态的隐喻。

沃野

书中《大荒西经》描述的沃野，在《海外西经》当中对应的是"诸夭之野"。

"轩辕之国在此穷山之际，其不寿者八百岁。在女子国北，人面蛇身，尾交首上。

"穷山在其北，不敢西射，畏轩辕之丘。在轩辕国北，其丘方，四蛇相绕。

"此诸夭之野，鸾鸟自歌，凤鸟自舞；凤皇卵，民食之；甘露，民饮之：所欲自从也。百兽相与群居。在四蛇北，其人两手操卵食之，两鸟居前导之。

"龙鱼陵居在其北，状如狸。一曰鰕。即有神圣乘此以行九野。一曰鳖鱼在夭野北，其为鱼也如鲤。"

沃野在《海内经》中则名为"都广之野"。"流沙之东，黑水之间，有山名不死之山。

"华山青水之东，有山名曰肇山。有人名曰柏高，柏高上下于此，至于天。

"西南黑水之间，有都广之野，后稷葬焉。爰有膏菽、膏稻、膏黍、膏稷，百谷自生，冬夏播琴。鸾鸟自歌，凤鸟自儛，灵寿实华，草木所聚。爰有百兽，相群爰处。此草也，冬夏不死。"

研究者指出，这三处中的"沃之野""诸夭之野""都广之野"原本指一处。这里都有十巫上下于天，有不死药和长寿者，西面有备受敬畏的轩辕台，有鸾鸟自歌、凤鸟自舞、百兽相群、百谷汇聚的景象，附近还都耸立着可以通到天上的高山，上下文还都提到从事贸易的商船，故而说，沃野应该是个交通便利、气象祥和、极尽繁华富庶的地方。

常羲浴月

　　从事《山海经》研究的物理学家吕子方先生指出，常羲生十二月的故事，以及前面我们讲过的《大荒东经》羲和生十日的故事，都是中国古代原始社会最早的历法记载。

　　常羲生十二月的神话，恰吻合把一年划分为十二个月的历法制度，是后来《月令》的雏形（注意，这并不是十二支的源头，十二支在古代很少用来纪月，而是用以纪年。十二支概念的萌芽可见后文《海内经·噎鸣》）。

卷十七・大荒北经

九凤

此处《大荒北经》中的北极天柜山对应的是二十八宿北部的虚宿。九凤是居住在这座山里的一个神人，是一个美丽的九头鸟的形象。

魃

　　女魃，传说中的秃头女神，所到之处就会大旱。传说女魃也是太阳的一个化身，人们为了驱除旱灾希望她向北去，其实是反映了一个自然历法现象：太阳到达最南边的南回归线时，北半球处于冬天最干旱的状态。随着太阳向北回迁，解冻转暖便会出现降雨。古代没有发达的农田水利设备，春天降雨意味着可以避免一年的干旱灾害，同时意味着在开春时要先疏通水道，以免发生淹涝。

卷十八·海内经

韩流

本条目是《山海经》中典型的对神祇谱系的记载。对后世的神话传说乃至中国本土宗教的发展都影响深远。

黑水是《海经》当中一条重要的河流，多次出现，虽然没有明确的发源地记载，但可以看出跟赤水一样都发源于昆仑之虚。从《海内经》上下文来看，本条目所描述的黄帝与雷祖生下后代的这个地方，与不死之山和沃野也都毗邻。

雷祖即嫘祖，传说为西陵氏之女，黄帝正妃，是养蚕缫丝的发明者。

韩流是传说中的人物，此处为对其记录的源头，从中可以看出他长相奇特，他的儿子对后世影响很大。颛顼是中国上古时期著名的部落首领，被后世尊为"五帝"之一，在传说中被神化为北方的帝王，还成为民间《月令》上主管冬季的神祇。

钉灵国民

　　钉灵国的国民形象，体现出人与马结合的特点，而这个典型的形象无论在古希腊神话还是中国古代传说当中都出现过。

　　《山海经》中的半人马，有些是神祇，有些是异形人。《西山经》和《北山经》记述了对人面马身的山神们的祭祀方式，还有英招等身份显赫的人面马身的神。而钉灵国的国民，是长着马的腿和脚的异形人。他们非常善于奔跑。郭璞对此做出了有趣的注解，他认为钉灵国国民因为膝盖下面长着的长毛相当于鞭子，走起来能"自鞭其蹄"，所以他们才跑得这样快！

　　还有人根据"钉"字与"灵"字的金文，破解其象形图形，发现跟希腊克里特岛的图形非常吻合，故而认为钉灵国就是地中海上希腊神话的发源地克里特岛。

噎鸣

噎鸣生十二岁，实际上乃十二支计数概念的诞生。十二支即子丑寅卯辰巳午未申酉戌亥，古代用以纪年，是六十甲子纪年的前身。

我国老一辈学者吕子方先生指出："《大荒经》中的三条材料，照郭璞注解的意思：羲和、常羲、噎鸣三人所生的儿子，是分别按日、月、岁的名字命名的。""噎鸣生岁十有二"，正符合自古所言的"岁星十二年为一周天"。这里的十二岁，即十二支的纪年法，后来被民间演绎为十二生肖；而与一年当中的十二个月的十二不同。

鲧治水

　　这短短的原文，写的却是鲧与禹父子两代治水成功，划定国土的历史性事件。

　　为什么鲧被杀死之后，却能够"鲧复生禹"呢？原来，相传大禹是在鲧死后从鲧的遗体的腹中出生的！

　　关于息壤，东晋的郭璞认为，这种土能无限更生而不减少，所以可以用以堵塞洪水。然而后世对此说法提出异议。明代学士杨慎认为息壤就是田土，无块，柔软，肥沃，赤色，适合耕种。"桑土稻田可以生息"，所以叫息壤，而古代的田地被认为是君王赐予老百姓的，所以称"帝之息壤"。明代的学者重视格物致知，开始寻求对于《山海经》的基于客观常识的解释，从中可见一斑。清代有人把传说中的息壤解释为现实的田地，使得《山海经》当中关于鲧的神话与《尚书》中关于鲧的历史记载趋于一致。

　　《海内经》还有一条记载："黄帝生骆明，骆明生白马，白马是为鲧。"所以民间传说禹的父亲是一匹白马。

　　关于鲧和禹出生、居住和活动的地方，研究者们从一些事件的记载中总结大致包括云雨山、讙头国、共工国山、巫山、穆天子之野、积石山、程州之山、三身国、毛民国、巴人等。这些地方基本属于南方和西南方。例如，讙头国是鲧的后代。鲧在程州一带打过仗。禹在共工国那一带打过战，还杀了共工之臣相柳。毛民国是禹的后代。

　　鲧治水失败被天帝杀掉，成为一个失败的典型。陶渊明在《读〈山海经〉十三首》的最后一首当中咏叹道：

> 岩岩显朝市，帝者慎用才。
> 何以废共鲧，重华为之来。

仲父献诚言，姜公乃见猜；

临没告饥渴，当复何及哉！

其意为：臣子显赫来上朝，君主用人当谨慎。共工与鲧为什么被废弃，帝舜不得不这么做。管仲献上最诚挚的谏言，齐桓公仍没完全相信他；齐桓公最后饥渴而死，心中后悔还来得及吗！

但是，失败乃是成功之母，传说中在父亲死后出生的禹终于完成了治水的壮举。而在《山海经》最后一个条目当中，个人建功立业的"功"的观念也与国家利益的版图意识牢牢联系起来。从知识考古学的角度来看，我们今天不难考古出概念久远的知识来源。

图书在版编目（CIP）数据

释·山海 / 赵元著；袁艺文绘. —北京：台海出
版社，2021.2

ISBN 978-7-5168-2829-8

Ⅰ.①释… Ⅱ.①赵… ②袁… Ⅲ.①历史地理—中
国—古代②《山海经》—研究 Ⅳ.①K928.631

中国版本图书馆CIP数据核字（2020）第239029号

释·山海

著　　者：赵　元		绘　　者：袁艺文	
出版人：蔡　旭		版式设计：VIOLET　许　可	
责任编辑：曹任云		封面设计：VIOLET	

出版发行：台海出版社

地　　址：北京市东城区景山东街20号　　邮政编码：100009

电　　话：010-64041652（发行，邮购）

传　　真：010-84045799（总编室）

网　　址：www.taimeng.org.cn/thcbs/default.htm

E-mail：thcbs@126.com

经　　销：全国各地新华书店

印　　刷：天津光之彩印刷有限公司

本书如有破损、缺页、装订错误，请与本社联系调换

开　　本：710毫米×1000毫米　　1/16

字　　数：175千字　　　　印　　张：15.5

版　　次：2021年2月第1版　　印　　次：2021年2月第1次印刷

书　　号：ISBN 978-7-5168-2829-8

定　　价：46.00元